머리말

회계는 회계정보이용자들의 의사결정에 유용한 정보를 제공하는 것을 목적으로 한다. 회계에 관심을 가지고 공부하는 많은 사람들은 회계정보를 만들어서 제공하는 역할을 하게 되며, 그보다 더 많은 사람들은 자신의 의사결정에 회계정보를 이용하기 위하여 회계를 공부한다.

당연한 말이겠지만 회계정보이용자들이 회계정보를 의사결정에 이용하기 위해서는 회계정보가 만들어지는 것이 선행되어야 한다. 이를 위해서 많은 회계책들이 회계정보를 만들어서 제공하는 단계, 즉 회계정보 작성에 대한 흐름을 이해할 수 있도록 하는 내용을 독자들에게 전달하고자 노력하고 있으며 본서도 역시 그러하다.

본서는 회계원리에 이어지는 재무회계 단계의 회계정보 작성의 내용을 전달함에 있어서 재무회계정보를 만들어내는 사람이 이후 해당 회계정보가 어떻게 이용될 수 있는가를 살펴볼 수 있는 부분을 연계하여 제시하고자 노력하였다. 재무회계정보의 작성을 다루는 재무회계 책에서 회계정보의 이용에 대한 내용을 연계하여 다루는 이유는 다음과 같다.

자동차를 만드는 사람(자동차 제작자)이 자동차를 실제로 운행하는 소비자(자동차 이용자)의 운전습관이나 자동차 사용방식을 알 수 있다면 자동차 제작에 도움이 될 것이다. 옷을 만드는 사람(옷 제작자)이 옷을 입는 사람(옷 이용자)의 생활패턴을 알 수 있다면 옷을 만들 때에 참고할 수 있을 것이다. 이와 같이 회계정보를 만드는 사람(회계정보 작성자)도 해당 회계정보를 이용하는 사람(회계정보이용자)이 회계정보를 이용하는 방식을 살펴보고 이해할 수 있다면 더 양질의 회계정보를 만들어 낼 수 있다고 생각한다.

그리고 상황을 바꾸어 자신의 의사결정에 회계정보를 이용하고자 하는 사람들에게도 회계정보의 작성방식에 대한 심도 깊은 이해는 회계정보를 이용한 의사결정의 효과를 더 강력하게 해줄 수 있을 것으로 판단된다.

이와 같이 회계정보의 작성과 회계정보의 이해와 활용은 별개의 독립적인 분야라고 하기보다는 오히려 상호 이해와 소통을 통해서 각각의 회계 행위에 있어 더 큰 시너지를 낼 수 있게 하여 주는 보완적인 관계라고 생각한다.

본서는 회계정보의 작성과 활용이라는 상호 보완적인 두 가지 주제에 대하여 제1부에서 재무회계정보를 작성하여 제공하는 내용을 담고 있으며, 제2부에서는 재무회계정보를 활용하는 내용을 담고 있는데 그 둘 간의 관계에서 재무회계정보의 작성 부분에 더 중점을 두고 있다.

본서를 준비하는 과정에서 많은 분들의 도움을 받았다. 책의 내용과 형식의 개선을 위해 도움을 주신 서울시립대학교 경영학부 교수님들과 경영학부 석사과정의 김지영 학생에게 감사를 전한다. 책을 출간할 수 있도록 애써 주신 창민사의 윤동구 대표님과 여러 직원분들께 감사하며 책을 준비하는 과정동안 격려하고 힘이 되어 준 가족들에게 감사를 전한다.

앞서 말한 바와 같이 본서는 재무회계, 즉 회계정보의 작성과 제공에 대한 내용을 담고 있으며 해당 내용의 더 깊은 이해를 위해서 회계정보의 이용에 대한 내용을 함께 제시하고 있다. 이 책을 읽는 독자들이 회계정보의 작성과 제공에 내용에 대한 지식을 체득함에 있어서 자신이 만들어내는 회계정보가 어떻게 활용되는가를 함께 살펴봄으로써 회계에 대한 더 깊은 이해와 관심을 가질 수 있게 되기를 기대한다.

2023. 2

저자 김세연, 김경태

차 례

| 제1부 | 재무회계의 이해

| 제2부 | 재무회계의 활용

제 1 장

재무회계의 의의

OX 문제

1. ○
2. ○
3. ×, 세무회계는 일정 기간 경영활동의 결과에 따라 국가에 납부해야 하는 세금을 산정하는 것을 목적으로 한다.
4. ○
5. ×, 기업이 재무제표를 이용하여 회계정보를 만들고 전달할 때, 각 기업별로 자의적인 방법으로 재무제표를 만들게 되면, 각 기업이 각자의 경영활동을 자의적으로 평가할 가능성이 있다. 이 경우 오류의 발생가능성은 높아지는 반면, 기업 간 또는 기간 간 비교가능성은 낮아지며, 회계정보의 신뢰성도 낮아지게 된다.
6. ×, 일반적으로 인정된 회계원칙의 제정에 따라 기업은 각각의 회계정보이용자들의 회계정보 요구에 대응하는 대신에, 광범위한 내용이 담겨있는 일반적으로 인정된 회계원칙을 제공함으로써, 회계정보 이용자들의 의사결정에 필요한 회계정보를 제공하게 된다.
7. ○
8. ×, 강제적 재무보고의 주장은 회계정보 외부효과 측면에서, 자발적 재무보고의 주장은 경쟁적 자본시장 측면에서 생각해 볼 수 있다.

제 2 장

재무보고를 위한 개념체계

OX 문제

1. ○
2. ×, 일반목적 재무제표는 현재 및 잠재적 투자자, 대여자를 주요 대상으로 하고 있다.
3. ○
4. ○
5. ×, 한국채택국제회계기준에서는 회계정보의 질적 특성을 크게 근본적 질적 특성인 목적적합성과 충실성, 그리고 보강적 질적 특성인 비교가능성, 검증가능성, 적시성 및 이해가능성 측면에서 설명하고 있다.
6. ×, 중요성이란 정보가 누락되거나 잘못 기재된 경우 특정 보고기업의 재무정보에 근거한 정보이용자의 의사결정에 영향을 줄 수 있는 특성을 의미한다.
7. ×, 무오류란 재무정보 관련 현상의 기술에 오류나 누락이 없고, 보고 정보를 생산하는 데 사용되는 절차의 선택과 적용시에 오류가 없다는 것을 의미하며 재무정보가 모든 면에서 완벽하게 정확하다는 것을 의미하는 것은 아니다.
8. ○
9. ×, 수익은 특정 회계기간 동안에 발생한 경제적 효익의 증가로서, 자산의 증

가 또는 부채의 감소에 따른 자본의 증가를 초래하게 된다. 그리고 수익은 지분참여자, 즉 주주에 의한 출연과 관련된 자본의 증가는 제외한다.

10. ×, 현행원가를 측정기준으로 할 때 자산은 동일하거나 또는 동등한 자산을 현재 시점에서 취득할 경우에 그 대가로 지불하여야 할 현금이나 현금성자산의 금액으로 평가한다.

11. ×, 사용가치는 자산의 사용과 궁극적인 처분으로부터 발생하는 추정 현금흐름의 현재가치에 관한 정보를 제공한다.

제 3 장

화폐의 시간가치

OX 문제

1. ×, 화폐의 시간가치와 관련한 이자의 적용방식은 원금에 이자가 발생하고 이자에도 이자가 발생하는 복리법을 적용한다.
2. ×, 연금이란 매 기간마다 동일한 금액이 연속적으로 발생하는 현금흐름을 의미한다.
3. ○
4. ×, 회계처리방식 가운데 많은 부분에서 화폐의 시간가치, 그 가운데 특히 현재가치 개념이 사용된다. 현재가치 개념이 많이 사용되는 이유는 회계정보의 작성과 평가의 시점이 현재이기 때문이다.
5. ×, 미래 시점에 발생하는 금액과 현재 시점의 금액을 사전에 알고 있는 상태에서 두 금액을 동일한 가치로 만들어주는 유효이자율을 사후적으로 구할 수 있게 된다.

연습문제

1. $6{,}750{,}000 \times 1.08^8 = 6{,}750{,}000 \times 1.8509$

(8%, 8년, 단일금액의 미래가치) = 12,493,575원

20×8년 12월 31일 현재 예금 잔액이 12,493,575원이 되므로 한근면 씨에게 지급해야 할 12,500,000원을 모두 지급할 수 없다.

2. $9{,}900{,}000 \div 1.07^5 = 9{,}900{,}000 \times 0.7130$

(7%, 5년, 단일금액의`현재가치) = 7,058,700원

나신뢰 씨로부터 수취하는 9,900,000원의 현재가치가 동일시점(20×1.1.1.)에 한근면 씨로부터 수취하는 금액보다 크기 때문에 나신뢰 씨에게 건물을 매각하게 된다.

3. 20×1년 12월 31일과 20×5년 12월 31일에 각각 520,000원씩 회수하는 방식의 현재가치

$520{,}000 \div 1.01 + 520{,}000 \div 1.01^5$

= 520,000 × 0.9901(1%, 1년, 단일금액의 현가) + 520,000 × 0.9515(1%, 5년, 단일금액의 현가)

= 514,852 + 494,780 = 1,009,632원

20×1년부터 20×5년까지 5년간 매년 말 210,000원씩 회수하는 방식의 현재가치

$210{,}000 \div (1.01 + 1.01^2 + 1.01^3 + 1.01^4 + 1.01^5)$

= 210,000 × 4.8534(1%, 5년, 연금현가)

= 1,019,214원

두 가지 회수방식 중 20×1년부터 20×5년까지 5년간 매년 말 210,000원씩 회수하는 방식의 현재가치가 더 크고 해당 현재가치 금액인 1,019,214원이 투자금액인 1,000,000원보다 크기 때문에 투자 제안을 수락한다.

4. 20×3년 1월 1일에 1,400,000원을 지급하는 방식의 현재가치

$1,400,000 \div 1.05^2 = 1,400,000 \times 0.9070$(5%, 2년[1], 단일금액의 현가) = 1,269,800원

20×1년부터 20×5년까지 매년 말에 300,000원씩 지급하는 방식의 현재가치

$300,000 \div (1.05 + 1.05^2 + 1.05^3 + 1.05^4 + 1.05^5)$

$= 300,000 \times 4.3295$(5%, 5년, 연금현가) = 1,298,850원

동일시점의 금액(20×1년 1월 1일 기준 현재가치)으로 비교시에 20×3년 1월 1일에 1,400,000원을 지급하는 방식이 상대적으로 작은 금액을 지급하는 방식이다. 따라서 김성실 씨는 20×3년 1월 1일에 1,400,000원을 지급하는 방식으로 토지 구입 대가를 지급한다.

5. (1)

〈현재가치〉

$2,000 \div 1.07^3 = 2,000 \times 0.8163$(7%, 3년, 단일금액의 현가) = 1,633원

〈상각표〉

일 자	유효이자(7%)	액면이자(0%)	장부금액 변경	장기미지급금 장부금액
20×1. 1. 1.				1,633
20×1. 12. 31.	114	0	114	1,747
20×2. 12. 31.	122	0	122	1,869
20×3. 12. 31.	131	0	131	2,000

〈분개〉

20×1. 1. 1.	(차) 토 지	1,633	(대) 장기미지급금	1,633
20×1. 12. 31.	(차) 이자비용	114	(대) 장기미지급금	114
20×2. 12. 31.	(차) 이자비용	122	(대) 장기미지급금	122
20×3. 12. 31.	(차) 이자비용	131	(대) 장기미지급금	131
	장기미지급금	2,000	현 금	2,000

1) 20×3년 1월 1일은 20×2년 12월 31일과 같은 시기인 것으로 가정한다.

(2)

〈현재가치〉

3,000 × 0.8163(7%, 3년, 단일금액의 현가) + 150 × 2.6243(7%, 3년, 연금현가)
= 2,843원

〈상각표〉

일 자	유효이자(7%)	액면이자(5%)	장부금액 변경	장기미지급금 장부금액
20×1. 1. 1.				2,843
20×1. 12. 31.	199	150	49	2,892
20×2. 12. 31.	202	150	52	2,944
20×3. 12. 31.	206	150	56	3,000

〈분개〉

일자	차변	금액	대변	금액
20×1. 1. 1.	(차) 토 지	2,843	(대) 장기미지급금	2,843
20×1. 12. 31.	(차) 이자비용	199	(대) 현 금	150
			장기미지급금	49
20×2. 12. 31.	(차) 이자비용	202	(대) 현 금	150
			장기미지급금	52
20×3. 12. 31.	(차) 이자비용	206	(대) 현 금	150
			장기미지급금	56
	장기미지급금	3,000	현 금	3,000

(3)

〈현재가치〉

1,000 × 2.6243(7%, 3년, 연금현가) = 2,624원

〈상각표〉

일 자	총지급액	유효이자(7%)	원금지급액	장기미지급금 장부금액
20×1. 1. 1.				2,624
20×1. 12. 31.	1,000	184	816	1,808
20×2. 12. 31.	1,000	127	873	935
20×3. 12. 31.	1,000	65	935	0

〈분개〉

20×1. 1. 1.	(차) 토 지	2,624	(대) 장기미지급금	2,624
20×1. 12. 31.	(차) 이자비용	184	(대) 현 금	1,000
	장기미지급금	816		
20×2. 12. 31.	(차) 이자비용	127	(대) 현 금	1,000
	장기미지급금	873		
20×3. 12. 31.	(차) 이자비용	65	(대) 현 금	1,000
	장기미지급금	935		

(4)

〈현재가치〉

345 × 0.9346(7%, 1년, 단일금액의 현재가치) + 330 × 0.8734(7%, 2년, 단일금액의 현재가치) + 315 × 0.8163(7%, 3년, 단일금액의 현재가치) = 867원

〈상각표〉

일 자	유효이자(7%)	액면이자(5%)	장부금액 변경	장기미지급금 장부금액
20×1. 1. 1.				867
20×1. 12. 31.	61	45	16	583*
20×2. 12. 31.	41	30	11	294
20×3. 12. 31.	21	15	6	0

* 867 + 16 − 300(20×1년 말 원금지급 금액) = 583

〈분개〉

일자	차변	금액	대변	금액
20×1. 1. 1.	(차) 토　지	867	(대) 장기미지급금	867
20×1. 12. 31.	(차) 이자비용	61	(대) 현　금	45
			장기미지급금	16
	(차) 장기미지급금	300	(대) 현　금	300
20×2. 12. 31.	(차) 이자비용	41	(대) 현　금	30
			장기미지급금	11
	(차) 장기미지급금	300	(대) 현　금	300
20×3. 12. 31.	(차) 이자비용	21	(대) 현　금	15
			징기미지급금	6
	(차) 장기미지급금	300	(대) 현　금	300

제4장

현금과 수취채권

OX 문제

1. ○
2. ×, 현금성자산은 취득 당시 만기일이 3개월 이내인 자산으로서 현금으로 쉽게 전환될 수 있는 금융기관의 예금상품과 수익증권을 지칭한다.
3. ○
4. ○
5. ×, 매출채권과 관련하여, 받을어음 계정은 외상거래 발생시에 거래 상대방에게서 미래의 현금 지급 시기와 금액을 명기한 약속어음을 수령하는 경우에 사용한다.
6. ○
7. ×, 미수수익은 기중에 이미 수익이 발생하였지만, 기말까지 현금 수취가 이루어지지 않아 기말에 수정분개를 통해 인식하게 되는 수취채권이다.
8. ×, 선급금은 기업이 상품, 제품 등 재화의 구입, 용역의 제공 등에 대하여 거래상대방과 약정하고 사전에 지출한 금액을 말한다.
9. ○
10. ○
11. ×, 금융상품이란 거래당사자 어느 한쪽에게는 금융자산이 생기게 하고 거래상대방에게 금융부채나 지분상품이 생기게 하는 모든 계약을 의미한다.

연습문제

1.

20×1. 1. 1.	(차) 당좌예금	3,000	(대) 현 금	3,000
20×1. 1. 5.	(차) 상 품	2,000	(대) 당좌예금	2,000
20×1. 1. 7.	(차) 상 품	7,000	(대) 당좌예금	1,000
			당좌차월	6,000
20×1. 1. 15.	(차) 상 품	3,000	(대) 당좌차월	3,000
20×1. 1. 21.	(차) 당좌차월	9,000	(대) 현 금	20,000
	당좌예금	11,000		

2. (1) 소액현금제도 실시 관련 분개 실시 주체는 회계부서임

(2)

20×1. 1. 7.	(차) 소액현금	500,000	(대) 현 금	500,000
20×1. 1. 9.	분개없음			
20×1. 1. 27.	분개없음			
20×1. 1. 31.	(차) 출장비	230,000	(대) 현 금	480,000
	접대비	250,000		

3. (1) 7,000,000 × 0.001 + 5,000,000 × 0.02 + 4,000,000 × 0.05 + 3,000,000 × 0.15 + 1,000,000 × 0.4 = 1,157,000원

(2) 대손충당금 잔액이 0인 경우

(차) 대손상각비	1,157,000	(대) 대손충당금	1,157,000

대손충당금 잔액이 1,000,000원인 경우

(차) 대손상각비	157,000	(대) 대손충당금	157,000

대손충당금 잔액이 2,000,000원인 경우

(차) 대손충당금	843,000	(대) 대손충당금환입	843,000

4.

20×1. 1. 31.	(차) 미수이자	2,500	(대) 이자수익	2,500*

* 1,000,000 × 0.03 × 1/12 = 2,500

20×1. 2. 1.	(차) 현　금	2,500	(대) 미수이자	2,500

5\.

20×1. 2. 1.	(차) 임차료	2,400,000	(대) 현　금	2,400,000
20×1. 2. 28.	(차) 선급임차료	2,200,000	(대) 임차료	2,200,000
20×1. 3. 1.	(차) 임차료	200,000	(대) 선급임차료	200,000

제5장

재고자산

OX 문제

1. ×, 재고자산이란 기업이 정성적인 영업과정에서 판매를 위해 보유하고 있는 자산과 판매를 위하여 생산 중인 자산을 의미하며 생산이나 용역 제공시에 사용될 원재료나 소모품을 포함한다.
2. ×, 재고자산 가운데 상품은 기업이 통상적인 영업과정에서 판매를 하기 위하여 외부의 기업으로부터 완성품을 구입한 후에 보유하고 있는 자산을 의미한다.
3. ×, 재고자산 가운데 원재료는 기업이 생산 공정에 투입되지 않은 원자재를 의미한다.
4. ○
5. ×, 기업에서 선입선출법을 적용할 경우에는 시기적으로 먼저 매입한 상품 순서에 따라 순차적으로 판매하는 것으로 가정한다.
6. ×, 이동평균법은 상품을 매입하는 시점에 매입 전 보유 상품과 신규 매입 상품 간에 매입단가의 차이가 발생할 때마다 상품의 가중평균 매입단가를 산출한 후, 이후 상품이 판매될 때에는 산출된 가중평균매입단가를 적용하여 매출원가를 산출하게 된다.
7. ×, 매입에누리란 구입한 재고자산에 하자가 발생하는 등 불만족으로 인하여 재고자산 구입 관련 거래대금을 감액하는 것을 의미한다.

8. ○
9. ×, 재고자산의 취득원가가 순실현가능가액보다 낮아지는 경우에, 기업은 두 금액의 차이만큼 재고자산평가손실이라는 계정으로 비용 처리한다.
10. ×, 매출총이익법은 화재, 도난, 재해 등으로 인하여 재고자산이 소실되었을 때, 발생한 재고자산의 손실을 측정하기 위하여 사용된다.
11. ○

연습문제

1. (1) 계속기록법

1. 3.	(차) 매출채권	70,000	(대) 매 출	70,000
	매출원가	50,000	상 품	50,000
1. 7.	(차) 상 품	150,000	(대) 매입채무	150,000
1. 20.	(차) 매출채권	200,000	(대) 매 출	200,000
	매출원가	125,000	상 품	125,000
1. 30.	(차) 상 품	75,000	(대) 매입채무	75,000

(2) 실지재고조사법

1. 3.	(차) 매출채권	70,000	(대) 매 출	70,000
1. 7.	(차) 매 입	150,000	(대) 매입채무	150,000
1. 20.	(차) 매출채권	200,000	(대) 매 출	200,000
1. 30.	(차) 매 입	75,000	(대) 매입채무	75,000
1. 31.	(차) 매출원가	100,000	(대) 상품(기초)	100,000
	매출원가	225,000	매 입	225,000
	상품(기말)	150,000	매출원가	150,000

2. (1) 계속기록법 – 선입선출법

1. 5.	(차) 상 품	848,000	(대) 매입채무	848,000
1. 6.	(차) 매출채권	1,200,000	(대) 매 출	1,200,000
	매출원가	824,000	상 품	824,000
1. 14.	(차) 상 품	3,136,000	(대) 매입채무	3,136,000
1. 25.	(차) 매출채권	3,000,000	(대) 매 출	3,000,000
	매출원가	2,216,000	상 품	2,216,000

매출원가: 824,000 + 2,216,000 = 3,040,000원

기말재고자산: 600 × 2,240 = 1,344,000원

(2) 계속기록법-이동평균법

1. 5.	(차)	상 품	848,000	(대)	매입채무	848,000
1. 6.	(차)	매출채권	1,200,000	(대)	매 출	1,200,000
		매출원가	832,000		상 품	832,000
1. 14.	(차)	상 품	3,136,000	(대)	매입채무	3,136,000
1. 25.	(차)	매출채권	3,000,000	(대)	매 출	3,000,000
		매출원가	2,220,000		상 품	2,220,000

매출원가: 832,000 + 2,220,000 = 3,052,000원

기말재고자산: 600 × 2,220 = 1,332,000원

(3) 계속기록법-후입선출법

1. 5.	(차)	상 품	848,000	(대)	매입채무	848,000
1. 6.	(차)	매출채권	1,200,000	(대)	매 출	1,200,000
		매출원가	848,000		상 품	848,000
1. 14.	(차)	상 품	3,136,000	(대)	매입채무	3,136,000
1. 25.	(차)	매출채권	3,000,000	(대)	매 출	3,000,000
		매출원가	2,240,000		상 품	2,240,000

매출원가: 848,000 + 2,240,000 = 3,088,000

기말재고자산: 200 × 2,000 + 400 × 2,240 = 1,296,000

(4) 실지재고조사법-선입선출법

1. 5.	(차)	매 입	848,000	(대)	매입채무	848,000
1. 6.	(차)	매출채권	1,200,000	(대)	매 출	1,200,000
1. 14.	(차)	매 입	3,136,000	(대)	매입채무	3,136,000
1. 25.	(차)	매출채권	3,000,000	(대)	매 출	3,000,000
1. 31.	(차)	매출원가	400,000	(대)	상품(기초)	400,000
		매출원가	3,984,000		매 입	3,984,000
		상품(기말)	1,344,000*		매출원가	1,344,000

* 600 × 2,240 = 1,344,000

기말재고자산: 1,344,000원

매출원가: 400,000 + 3,984,000 − 1,344,000 = 3,040,000원

(5) 실지재고조사법-총평균법

날짜		차변	금액		대변	금액
1. 5.	(차)	매 입	848,000	(대)	매입채무	848,000
1. 6.	(차)	매출채권	1,200,000	(대)	매 출	1,200,000
1. 14.	(차)	매 입	3,136,000	(대)	매입채무	3,136,000
1. 25.	(차)	매출채권	3,000,000	(대)	매 출	3,000,000
1. 31.	(차)	매출원가	400,000	(대)	상품(기초)	400,000
		매출원가	3,984,000		매 입	3,984,000
		상품(기말)	1,315,200*		매출원가	3,068,800

* (400,000 + 848,000 + 3,136,000) / 2,000 = 2,192
2,192 × 600 = 1,315,200원

기말재고자산: 1,315,200원

매출원가: 400,000 + 3,984,000 − 1,315,200 = 3,068,800원

(6) 실지재고조사법-후입선출법

날짜		차변	금액		대변	금액
1. 5.	(차)	매 입	848,000	(대)	매입채무	848,000
1. 6.	(차)	매출채권	1,200,000	(대)	매 출	1,200,000
1. 14.	(차)	매 입	3,136,000	(대)	매입채무	3,136,000
1. 25.	(차)	매출채권	3,000,000	(대)	매 출	3,000,000
1. 31.	(차)	매출원가	400,000	(대)	상품(기초)	400,000
		매출원가	3,984,000		매 입	3,984,000
		상품(기말)	1,248,000*		매출원가	1,248,000

* 200 × 2,000 + 400 × 2,120 = 1,248,000

기말재고자산: 1,248,000원

매출원가: 400,000 + 3,984,000 − 1,248,000 = 3,136,000원

3. (1)

1. 7.	(차) 상 품	636,000	(대) 매입채무	636,000
1. 10.	(차) 현 금	1,000,000	(대) 매 출	1,000,000
	매출원가	624,000	상 품	624,000
1. 11.	(차) 상 품	2,352,000	(대) 현 금	2,352,000
1. 25.	(차) 매출채권	2,500,000	(대) 매 출	2,500,000
	매출원가	1,665,000	상 품	1,665,000

매출원가: 624,000 + 1,665,000 = 2,289,000원

기말재고자산: 300 × 3,330 = 999,000원

(2) 부족한 수량: 300개(장부상 수량) − 250개(실사수량) = 50개

부족한 50개의 수량에 해당하는 금액인 166,500원만큼(50개×3,330원) 재고자산을 감소시키고, 해당 금액만큼 재고자산감모손실을 인식함.

(차) 재고자산감모손실	166,500	(대) 상 품	166,500

(3) 재고자산의 취득원가인 999,000원(300개 × 3,330원)이 순실현가능가액인 900,000원(300개 × 3,000원)보다 낮아지는 경우에는 재고자산평가손실을 인식하고, 같은 금액을 대변에 재고자산평가충당금이라는 재고자산의 차감계정으로 인식함.

(차) 재고자산평가손실	99,000	(대) 재고자산평가충당금	99,000

(4) 재고자산감모손실과 재고자산평가손실이 동시에 발생하면 먼저 재고자산감모손실을 인식한 후에 이어서 재고자산평가손실을 인식함

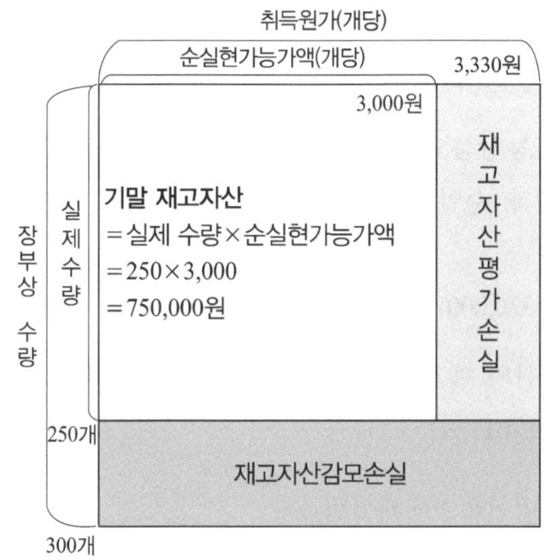

(차) 재고자산감모손실 166,500 (대) 상 품 166,500

(차) 재고자산평가손실 82,500* (대) 재고자산평가충당금 82,500

* 250개(실제수량) × (3,330원 − 3,000원) = 82,500원

4. (1) 선입선출법

원가율: 240,000 / 320,000 = 0.75(75%)

기말재고자산의 매가: (180,000 + 320,000) − 280,000 = 220,000원

기말재고자산: 220,000원(매가) × 0.75(원가율) = 165,000원

매출원가: (110,000 + 180,000) − 165,000 = 125,000원

(2) 가중평균법

원가율: (110,000 + 240,000) / (180,000 + 320,000) = 0.7(70%)

기말재고자산의 매가: 220,000원

기말재고자산: 220,000원(매가) × 0.7(원가율) = 154,000원

매출원가: (110,000 + 180,000) − 154,000 = 136,000원

5. (1) 원가기준 평균원가소매재고법

원가기준 평균원가소매재고법을 적용하는 경우에 원가율은 기초 상품과 당기 매입상품을 이용하여 다음과 같이 계산한다.

(110,000 + 240,000) / (180,000 + 320,000 + 2,500원(순인상액)
− 3,700원(순인하액)) = 0.7017 (70.17%)

당기 판매가능상품의 매가에서 판매된 상품의 매가인 매출액을 차감하고 순인상액과 순인하액을 반영하여 기말 재고자산의 매가를 다음과 같이 계산한다.

(180,000 + 320,000) − 280,000 + (7,000 − 4,500) − (5,000 − 1,300) = 218,800

기말 재고자산의 매가에 원가율을 곱하여 기말 재고자산 금액을 측정한다.

218,800 × 0.7017 = 153,532원

(2) 원가기준 선입선출소매재고법

원가기준 선입선출소매재고법 적용하는 경우에 원가율은 당기 매입상품을 이용하여 다음과 같이 계산한다.

(240,000) / (320,000 + 2,500원(순인상액) − 3,700원(순인하액))
= 0.7528 (75.28%)

기말 재고자산의 매가에 원가율을 곱하여 기말 재고자산 금액을 측정한다.

218,800 × 0.7528 = 164,713원

(3) 저가기준 평균원가소매재고법

저가기준 평균원가소매재고법을 적용하는 경우에 원가율은 기초 상품과 당기 매입상품을 이용하여 다음과 같이 계산한다. 저가기준 적용 시에는 매가의 순인하액을 원가율 계산 시 고려하지 않는다.

(110,000 + 240,000) / (180,000 + 320,000 + 2,500원(순인상액))
= 0.6965 (69.65%)

기말 재고자산의 매가에 원가율을 곱하여 기말 재고자산금액을 측정한다.

218,800 × 0.6965 = 152,394원

(4) 저가기준 선입선출소매재고법

저가기준 선입선출소매재고법 적용하는 경우에 원가율은 당기 매입상품을 이용하여 다음과 같이 계산한다. 저가기준 적용 시에는 매가의 순인하액을 원가율 계산시 고려하지 않는다.

(240,000)/(320,000 + 2,500원(순인상액)) = 0.7442 (74.42%)

기말 재고자산의 매가에 원가율을 곱하여 기말 재고자산금액을 측정한다.

218,800 × 0.7442 = 162,831원

6. 원가율: (1 − 매출총이익률) = (1 − 0.15) = 0.85(85%)

추정된 매출원가: 750,000(매출액) × 0.85(원가율) = 637,500원

추정된 기말재고자산: (기초재고 + 당기매입재고자산) − 추정된 매출원가

= (320,000 + 490,000) − 637,500 = 172,500원

소실된 상품의 추정금액: 172,500 − 90,000(남아있는 재고자산) = 82,500원

제6장

유형자산

OX 문제

1. ○
2. ○
3. ×, 유형자산과 관련된 산출물에 대한 수요가 형성되는 과정에서 발생하는 가동손실과 같은 초기 가동손실은 유형자산의 취득원가에 포함하지 않는다.
4. ○
5. ○
6. ×, 유형자산은 개별 취득하는 경우와는 달리 복수의 자산을 일괄구입에 의해 취득할 때에는 취득시 지급대가를 취득한 자산별로 배분하게 된다. 구입시 지급대가를 자산별로 배분시에는 취득 후 사용하게 되는 자산별 공정가치의 비율에 따라 총지급대가를 배분하게 된다.
7. ×, 자산을 무상으로 취득하거나 증여받게 되는 경우가 있다. 하지만 이러한 경우에도 취득이후 재평가 과정을 통해서 재평가 시점의 공정가치를 유형자산의 장부금액으로 인식할 수 있게 된다.
8. ○
9. ×, 공정가치의 변동이 빈번하게 발생하는 경우에는 매년 재평가가 필요할 수도 있으며, 공정가치의 변동이 크지 않은 경우에는 기업의 상황에 맞추어, 예컨대 3년이나 5년 등의 주기로 재평가를 실시할 수도 있다.

10. ×, 기업이 유형자산을 보유하는 과정에서 제품의 단종, 기술 환경변화로 인한 진부화, 영업 환경변화에 따른 경쟁력 약화 등과 같은 자산 손상의 징후가 나타나는 경우에는 해당 자산의 회수가능액을 추정한다. 추정한 회수가능액이 측정된 장부금액보다 작은 경우에는 손상차손을 인식하게 된다. 여기에서 자산의 회수가능액은 사용가치와 순공정가치 가운데 더 큰 금액을 말한다.

11. ○

12. ○

연습문제

1. (1) (차) 기계장치 56,000 (대) 토 지 50,000
현 금 1,000
유형자산처분이익 5,000

(2) (차) 기계장치 57,000 (대) 토 지 50,000
현 금 1,000
유형자산처분이익 6,000

(3) (차) 기계장치 51,000 (대) 토 지 50,000
현 금 1,000

2. (1) (차) 건 물 7,000,000 (대) 자본금 5,000,000
주식발행초과금 2,000,000

(2) (차) 건 물 5,700,000 (대) 자본금 5,000,000
주식발행초과금 700,000

3. (1) (차) 토 지 336,000* (대) 미지급금 800,000
건 물 272,000**
기계장치 192,000***

* 294,000 / (294,000 + 238,000 + 168,000) = 0.42
800,000 × 0.42 = 336,000원

** 238,000 / (294,000 + 238,000 + 168,000) = 0.34
800,000 × 0.34 = 272,000원

*** 168,000 / (294,000 + 238,000 + 168,000) = 0.24
800,000 × 0.24 = 192.000원

(2) (차) 토 지 658,000* (대) 미지급금 800,000
기계장치 192,000 현 금 50,000

* 336,000 + 272,000(건물 배분 금액) + 50,000(철거비용) = 658,000원

취득 후 즉시 건물을 철거하는 경우에 건물 배분 금액 및 철거비용은 토지

의 취득원가에 포함됨. 그 이유는 상기 경우에, 토지라는 유형자산을 경영자가 원하는 장소와 상태에 이르게 하는 과정에서 건물의 일괄취득과 건물의 철거가 직접적으로 관련되어 있기 때문임

4. (1) 500,000 × 2.4869(10%, 3년, 연금현가) = 1,243,450원

〈상각표〉

일 자	총지급액	유효이자(10%)	원금지급액	장기미지급금의 장부금액
20×1. 1. 1.				1,243,450
20×1. 12. 31.	500,000	124,345	375,655	867,795
20×2. 12. 31.	500,000	86,780	413,220	454,575
20×3. 12. 31.	500,000	45,425*	454,575	0

* 454,575 × 0.1 = 45,458원임. 20×3년 12월 31일의 장기미지급금의 장부금액을 0으로 맞추기 위해 33원의 단수차이 조정을 실시하였음

20×1. 1. 1.	(차) 기계장치	1,243,450	(대) 장기미지급금	1,243,450
20×1. 12. 31.	(차) 이자비용	124,345	(대) 현 금	500,000
	장기미지급금	375,655		
20×2. 12. 31.	(차) 이자비용	86,780	(대) 현 금	500,000
	장기미지급금	413,220		
20×3. 12. 31.	(차) 이자비용	45,425	(대) 현 금	500,000
	장기미지급금	454,575		

** 20×1년 12월 31일의 분개를 다음과 같이 할 수도 있음.

20×1. 12. 31.	(차) 이자비용	124,345	(대) 장기미지급금	124,345
	장기미지급금	500,000	현 금	500,000

(2) 1,500,000 × 0.7513(10%, 3년, 단일금액의 현가) = 1,126,950원

〈상각표〉

일 자	유효이자 (10%)	지급이자 (0%)	원금지급액	장기미지급금의 장부금액
20×1. 1. 1.				1,126,950
20×1. 12. 31.	112,695	0	112,695	1,239,645
20×2. 12. 31.	123,965	0	123,965	1,363,610
20×3. 12. 31.	136,390*	0	136,390	1,500,000

* 1,363,610 × 0.1 = 136,361원임. 20×3년 12월 31일에 지급해야 하는 장기미지급금의 장부금액을 1,500,000원으로 맞추기 위해 29원의 단수차이 조정을 실시하였음

20×1. 1. 1.	(차) 기계장치	1,126,950	(대) 장기미지급금	1,126,950
20×1. 12. 31.	(차) 이자비용	112,695	(대) 장기미지급금	112,695
20×2. 12. 31.	(차) 이자비용	123,965	(대) 장기미지급금	123,965
20×3. 12. 31.	(차) 이자비용	136,390	(대) 장기미지급금	136,390
	(차) 장기미지급금	1,500,000	(대) 현 금	1,500,000

5. (1)

20×1년 1월 1일(취득시점)

취득원가는 취득 시 지출한 금액에 해당 자산의 해체, 제거 및 원상복구에 소요될 것으로 추정되는 미래 시점의 지출의 현재가치 금액을 더해서 구하게 된다.

취득 시 지출한 금액: 1,000,000원

해당 자산의 해체, 제거 및 원상복구에 소요될 것으로 추정되는 미래 시점의 지출의 현재가치 금액: 200,000원 × 0.7629(7%, 4년, 단일금액의 현재가치) = 152,580원

해당 자산의 해체, 제거 및 원상복구에 소요될 것으로 추정되는 미래 시점의 지출의 현재가치 는 취득 시점에 자산의 취득원가에 포함되며, 미래의 의무이므로 복구충당부채로 인식하게 된다.

20×1. 1. 1.

(차) 구축물	1,152,580	(대) 현 금	1,000,000
		복구충당부채	152,580

20×1년 12월 31일(20×1년 말)

상기 자산의 감가상각 시에는 취득 시 지출한 금액뿐만 아니라 해당 자산의 해체, 제거 및 원상복구에 소요될 것으로 추정되는 미래 시점의 지출의 현재 가치 금액도 감가상각대상금액 산정 시 포함된다.

(1,000,000 + 152,580 − 0(잔존가액)) / 4 = 288,145원

복구충당부채과 관련하여 이후 내용연수 동안 기초 장부금액에 유효이자율을 곱한 금액을 이자비용으로 인식하고 복구충당부채 금액을 증가시키게 된다. 참고로, 이러한 과정을 거치게 되면 내용연수가 완료된 시점인 20×4년 말 복구충당부채의 장부금액은 최초 추정했던 200,000원이 된다.

일 자	유효이자(7%)	장부금액 변경	복구충당부채 장부금액
20×1. 1. 1.			152,580
20×1. 12. 31.	10,681	10,681	163,261
20×2. 12. 31.	11,428	11,428	174,689
20×3. 12. 31.	12,228	12,228	186,917
20×4. 12. 31.	13,084	13,084	200,001*

* 단수 차이로 1원의 오차가 발생하였음.

20×1. 12. 31.

(차) 감가상각비	288,145	(대) 감가상각누계액	288,145
이자비용	10,681	복구충당부채	10,681

원상복구 실시 시점(20×5년 초)

원상복구 등이 이루어지는 시점의 실제 지출금액이 최초 추정했던 금액보다 작을 경우에는 그 차액을 원상복구 등이 이루어지는 시점에 복구공사이익으로 인식하고, 최초 추정했던 금액보다 작을 경우에는 그 차액을 원상복구 등이 이루어지는 시점에 복구공사손실로 인식한다.

20×5년 초

(차) 복구충당부채	200,000	(대) 현 금	210,000
복구공사손실	10,000		

(2)

20×5년 초

(차) 복구충당부채 200,000 (대) 현 금 195,000
복구공사이익 5,000

6. (1) (1,000,000 − 50,000) / 4 = 237,500원

20×1년 (차) 감가상각비 237,500 (대) 감가상각누계액 237,500

20×2년~20×4년 분개는 20×1년 분개와 동일

(2)

	기초 장부금액	감가상각비	감가상각누계액	기말 장부금액
				1,000,000
20×1년	1,000,000	437,700	437,700	562,300
20×2년	562,300	246,119	683,819	316,181
20×3년	316,181	138,392	822,211	177,789
20×4년	177,789	127,789*	950,000	50,000

* 정률법 적용시 내용연수의 마지막 연도의 감가상각비는 기초 장부금액에 감가상각률을 곱하여 구하지 않고 기말 장부금액이 잔존가액이 되도록 기초 장부금액에서 잔존가액을 제한 금액으로 결정하는 것임에 주의하여야 한다.

20×1년 (차) 감가상각비 437,700 (대) 감가상각누계액 437,700

20×2년 (차) 감가상각비 246,119 (대) 감가상각누계액 246,119

20×3년 (차) 감가상각비 138,392 (대) 감가상각누계액 138,392

20×4년 (차) 감가상각비 127,789 (대) 감가상각누계액 127,789

(3) 감가상각률(이중체감법) = (1/내용연수) × 2 = 1/4 × 2 = 0.5

	기초 장부금액	감가상각비	감가상각누계액	기말 장부금액
				1,000,000
20×1년	1,000,000	500,000	500,000	500,000
20×2년	500,000	250,000	750,000	250,000
20×3년	250,000	125,000	875,000	125,000
20×4년	125,000	75,000*	950,000	50,000

* 이중체감법 적용시 내용연수의 마지막 연도의 감가상각비는 기초 장부금액에 감가상각률을 곱하여 구하지 않고 기말 장부금액이 잔존가액이 되도록 기초 장부금

액에서 잔존금액을 제한 금액으로 결정하는 것임에 주의하여야 한다.

20×1년	(차) 감가상각비	500,000	(대) 감가상각누계액	500,000
20×2년	(차) 감가상각비	250,000	(대) 감가상각누계액	250,000
20×3년	(차) 감가상각비	125,000	(대) 감가상각누계액	125,000
20×4년	(차) 감가상각비	75,000	(대) 감가상각누계액	75,000

(4)

20×1년: (1,000,000 − 50,000) × (4/(1+2+3+4)) = 380,000원

20×2년: (1,000,000 − 50,000) × (3/(1+2+3+4)) = 285,000원

20×3년: (1,000,000 − 50,000) × (2/(1+2+3+4)) = 190,000원

20×4년: (1,000,000 − 50,000) × (1/(1+2+3+4)) = 95,000원

20×1년	(차) 감가상각비	380,000	(대) 감가상각누계액	380,000
20×2년	(차) 감가상각비	285,000	(대) 감가상각누계액	285,000
20×3년	(차) 감가상각비	190,000	(대) 감가상각누계액	190,000
20×4년	(차) 감가상각비	95,000	(대) 감가상각누계액	95,000

(5)

20×1년: (1,000,000 − 50,000) × (400/1,000) = 380,000원

20×2년: (1,000,000 − 50,000) × (250/1,000) = 237,500원

20×3년: (1,000,000 − 50,000) × (200/1,000) = 190,000원

20×4년: (1,000,000 − 50,000) × (150/1,000) = 142,500원

20×1년	(차) 감가상각비	380,000	(대) 감가상각누계액	380,000
20×2년	(차) 감가상각비	237,500	(대) 감가상각누계액	237,500
20×3년	(차) 감가상각비	190,000	(대) 감가상각누계액	190,000
20×4년	(차) 감가상각비	142,500	(대) 감가상각누계액	142,500

7. 회계기간 중 유형자산 취득 경우에는 감가상각시에 기간 안분을 고려하여야 한다.

(1) (1,000,000 − 50,000) / 4 = 237,500원

20×1년: 237,500 × 3/12 = 59,375원

20×2년~20×4년: 237,500원

20×5년: 237,500 × 9/12 = 178,125원

(2)

	기초 장부금액	감가상각비	감가상각누계액	기말 장부금액
				1,000,000
20×1년	1,000,000	109,425*	109,425	890,575
20×2년	890,575	389,805	499,230	500,770
20×3년	500,770	219,187	718,417	281,583
20×4년	281,583	123,249	841,666	158,334
20×5년	158,334	108,334**	950,000	50,000

* 1,000,000 × 0.4377 × 3/12 = 109,425원

** 158,334 − 50,000(잔존가액) = 108,334원

(3) 감가상각률(이중체감법) = (1/내용연수) × 2 = 1/4 × 2 = 0.5

	기초 장부금액	감가상각비	감가상각누계액	기말 장부금액
				1,000,000
20×1년	1,000,000	125,000*	125,000	875,000
20×2년	875,000	437,500	562,500	437,500
20×3년	437,500	218,750	781,250	218,750
20×4년	218,750	109,375	890,625	109,375
20×5년	109,375	59,375**	950,000	50,000

* 1,000,000 × 0.5 × 3/12 = 125,000원

** 109,375 − 50,000(잔존가액) = 59,375원

(4) 20×1년: 950,000* × 4/10** × 3/12 = 95,000원

* 1,000,000 − 50,000 = 950,000원(감가상각대상금액)

** 1+2+3+4 = 10(내용연수의 합)

20×2년: 950,000 × 4/10 × 9/12 + 950,000 × 3/10 × 3/12 = 356,250원

20×3년: 950,000 × 3/10 × 9/12 + 950,000 × 2/10 × 3/12 = 261,250원

20×4년: 950,000 × 2/10 × 9/12 + 950,000 × 1/10 × 3/12 = 166,250원

20×5년: 950,000 × 1/10 × 9/12 = 71,250원

(5) 20×1년: 950,000 × (250/1,000) = 237,500원

20×2년: 950,000 × (300/1,000) = 285,000원

20×3년: 950,000 × (200/1,000) = 190,000원

20×4년: 950,000 × (150/1,000) = 142,500원

20×5년: 950,000 × (100/1,000) = 95,000원

8. (1) 〈20×1년 감가상각〉

(차) 감가상각비	180,000*	(대) 감가상각누계액	180,000

* 900,000 ÷ 5 = 180,000원

	재평가 전		재평가 후
총장부금액	900,000	270,000**	1,170,000
감가상각누계액	(180,000)	(54,000)	(234,000)
장부금액	720,000	216,000*	936,000

* 936,000 − 720,000 = 216,000원(증가)
216,000 / 720,000 = 0.3(30%)

** 900,000 × 0.3 = 270,000원

*** (180,000) × 0.3 = (54,000)원

(차) 기계장치	270,000	(대) 감가상각누계액	54,000
		재평가잉여금	216,000

〈20×2년 감가상각〉

(차) 감가상각비	234,000*	(대) 감가상각누계액	234,000

* 936,000 ÷ 4(잔존내용연수) = 234,000원

〈20×2년 재평가〉

	재평가 전		재평가 후
총장부금액	1,170,000	(409,500)	760,500
감가상각누계액	(468,000)	163,800	(304,200)
장부금액	702,000	(245,700)*	456,300

* 456,300 − 702,000 = − 245,700원 (감소)
− 245,700/702,000 = − 0.35(− 35%) (감소)

(차) 감가상각누계액	163,800	(대) 기계장치	409,500
재평가잉여금	216,000		
재평가손실	29,700		

(2) 〈20×1년 감가상각〉

(차) 감가상각비	180,000	(대) 감가상각누계액	180,000

〈20×1년 재평가〉

	재평가 전		재평가 후
총장부금액	900,000	36,000	936,000**
감가상각누계액	(180,000)	180,000	0*
장부금액	720,000	216,000	936,000

* 감가상각누계액 제거 후 잔액은 0임

** 감가상각누계액 제거 후 기계장치의 장부금액이 공정가치인 936,000원이 되기 위해서는 기계장치 계정의 장부금액(총장부금액)이 936,000원이 되어야 함

(차) 기계장치	36,000	(대) 재평가잉여금	216,000
감가상각누계액	180,000		

〈20×2년 감가상각〉

(차) 감가상각비	234,000	(대) 감가상각누계액	234,000

	재평가 전		재평가 후
총장부금액	936,000	(479,700)	456,300
감가상각누계액	(234,000)	234,000	0
장부금액	702,000	(245,700)	456,300

(차) 감가상각누계액	234,000	(대) 기계장치	479,700
재평가잉여금	216,000		
재평가손실	29,700		

9. 〈20×1년 감가상각〉

(차) 감가상각비	94,200	(대) 감가상각누계액	94,200

* (1,000,000 − 58,000) / 10 = 94,200원

〈20×2년 감가상각〉

(차) 감가상각비 94,200 (대) 감가상각누계액 94,200

〈20×3년 12월 31일 감가상각〉

(차) 감가상각비 94,200 (대) 감가상각누계액 94,200

〈20×3년 12월 31일 손상차손〉

(차) 손상차손 29,400* (대) 손상차손누계액 29,400

* 20×3년 말 기계장치 장부금액: 1,000,000 − (94,200 + 94,200 + 94,200) = 717,400원
  20×3년 말 회수가능액: MAX(688,000, 678,000) = 688,000원
  손상차손: 717,400 − 688,000 = 29.400원

〈20×4년 12월 31일 감가상각〉

(차) 감가상각비 90,000* (대) 감가상각누계액 90,000

* (688,000 − 58,000) / 7 (잔존내용연수) = 90,000원

〈20×4년 12월 31일 손상차손환입〉

(차) 손상차손누계액 25,200 (대) 손상차손환입 25,200*

* 20×4년 말 기계장치 장부금액: 1,000,000 − (94,200+94,200+94,200+90,000) − 29,400
  = 598,000원
  20×4년 말 회수가능액: MAX(618,000, 624,000) = 624,000원
  손상차손환입: MIN(624,000, 623,200) − 598,000 = 25,200원

〈20×5년 12월 31일 감가상각〉

(차) 감가상각비 94,200* (대) 감가상각누계액 94,200

* (623,200 − 58,000) / 6 (잔존내용연수) = 94,200원

10. 20×1. 12. 31.

(차) 감가상각비 100,000 (대) 감가상각누계액 100,000

	재평가 전		재평가 후
총장부금액	1,000,000	(82,000)	918,000
감가상각누계액	(100,000)	100,000	0
장부금액	900,000	18,000	918,000

(차) 감가상각누계액 100,000 (대) 기계장치 82,000
재평가잉여금 18,000

20×2. 12. 31.

(차) 감가상각비 102,000* (대) 감가상각누계액 102,000

* 918,000원 / 9년(잔존내용연수) = 102,000원

	재평가 전	재평가	재평가 후	손상차손	손상차손 후
총장부금액	918,000	(114,000)	804,000		804,000
감가상각누계액	(102,000)	102,000	0		0
손상차손누계액	0		0	(8,000)	(8,000)
장부금액	816,000	(12,000)	804,000	(8,000)	796,000

(차) 감가상각누계액 102,000 (대) 기계장치 114,000
재평가잉여금 12,000

(차) 재평가잉여금 6,000* (대) 손상차손누계액 8,000
손상차손 2,000

* 재평가모형에서는 손상차손(비용)을 재평가감소액으로 처리, 즉 재평가 시 회계처리방식에 준하여 실시한다. 구체적으로 재평가 시 재평가손실 인식 이전에 재평가잉여금을 먼저 차감하는 방식을 준용하여 손상차손(비용)을 인식하기에 앞서서 재평가잉여금이 존재하면 먼저 차감한다.

20×3. 12. 31.

(차) 감가상각비 190,000 (대) 감가상각누계액 190,000

* 796,000원 / 8년(잔존내용연수) = 99,500원

재평가모형에서는 회수가능액이 상승하는 경우에 생각할 수 있는 손상차손환입(수익)의 효과를 별도의 손상차손환입 계정으로 인식되는 것이 아니라 해당 자산의 재평가 시 공정가치의 상승에 회수가능액의 상승효과도 반영된다고 본다. 따라서 손상차손환입(수익) 효과는 재평가 실시 시에 재평가로 인한 장부금액 증가 처리, 즉 재평가 시 회계처리 과정에서 반영된다. 구체적으로 재평가 시 재평가잉여금 인식 이전에 기존에 재평가손실이 발생하였으면 해당 금액만큼 재평가이익을 인식하는 방식을 준용하여 기존에 손상차손이 발생하였으면 해당 금액만큼 재평가이익으로 인식(재평가증가액으로 처리)한 후에 추가적으로 재평가잉여금을 인식한다.

	재평가 전	재평가	재평가 후
총장부금액	804,000	(103,000)	701,000
감가상각누계액	(99,500)	99,500	0
손상차손누계액	(8,000)	8,000	0
장부금액	696,500	4,500	701,000*

(차)			(대)		
	감가상각누계액	99,500		기계장치	103,000
	손상차손누계액	8,000**		재평가이익	2,000***
				재평가잉여금	2,500

* 재평가모형의 장부금액은 공정가치 금액이다. 회수가능액이 공정가치보다 높을 경우에 회수가능액까지 장부금액을 증가시키는 것은 아니다.

** 재평가 분개 관련, 감가상각누계액을 제거할 시에 손상차손누계액도 함께 제거하였다.

*** 재평가모형에서는 손상차손환입(수익) 효과를 재평가증가액으로 처리, 즉 재평가 시 회계처리 방식에 준하여 실시한다. 구체적으로 재평가 시 재평가잉여금 인식 이전에 기존에 재평가손실이 발생하였으면 해당 금액만큼 재평가이익을 인식하는 방식을 준용하여 기존에 손상차손이 발생하였으면 해당 금액만큼 재평가이익으로 인식(재평가증가액으로 처리)한 후에 추가적으로 재평가잉여금을 인식한다. 따라서 원가모형에서 사용하였던 손상차손환입(수익) 계정의 역할을 재평가모형에서는 재평가이익(수익) 계정이 담당한다.

11. (1) 적격자산 관련 활동 수행기간: 20×1. 4. 1.~20×2. 6. 30.

차입기간: 20×1. 2. 1. ~ 20×2. 3. 31.

자본화기간: 20×1. 4. 1. ~ 20×2. 3. 31.

연도별 자본화차입원가

20×1년: 200,000 × 4% × 9/12 − 50(투자수익) = 5,950원

20×2년: 200,000 × 4% × 3/12 − 30(투자수익) = 1,970원

(2) 적격자산 관련 활동 수행기간: 20×1. 4. 1.~20×2. 6. 30.

차입기간: 20×1. 10. 1. ~ 20×2. 11. 30.

자본화기간: 20×1. 10. 1. ~ 20×2. 6. 30.

연도별 자본화차입원가

20×1년: 200,000 × 4% × 3/12 − 50(투자수익) = 1,950원

20×2년: 200,000 × 4% × 6/12 − 30(투자수익) = 3,970원

12.

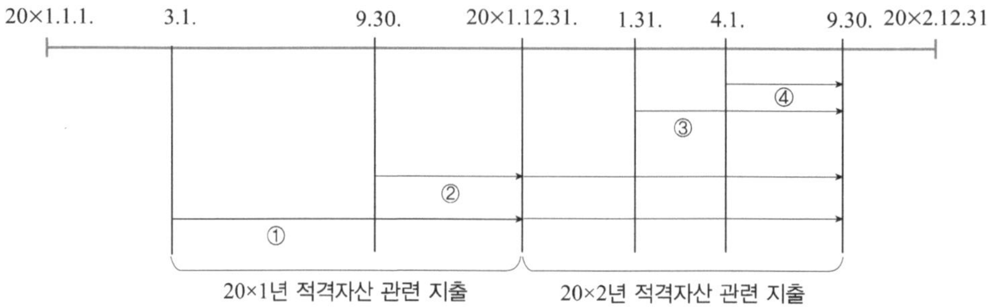

① 20×1년

- 20×1년도 적격자산 평균지출액 = 120,000 × 10/12 + 360,000 × 3/12 = 190,000원
- 20×1년도 이자비용 = 500,000 × 5% × 11/12 + 2,000,000 × 7% × 6/12 = 92,917원
- 20×1년도 일반차입금평균액 = 500,000 × 11/12 + 2,000,000 × 6/12 = 1,458,333원
- 20×1년도 일반차입금 자본화이자율 = 92,919 ÷ 1,458,333 = 6.37%
- 20×1년도 일반차입금 자본화차입원가(한도 고려 전)
  = 190,000 × 6.37% = 12,103원

이때 일반차입금 자본화차입원가의 한도는 당해 연도에 발생한 일반차입금 이자비용을 한도로 한다. 20×1년도의 일반차입금 자본화차입원가 계산액인 12,103원이 당해 연도의 일반차입금 이자비용인 92,917원보다 작으므로 전액을 일반차입금 자본화차입원가로 인식한다.

② 20×2년

20×2년도 적격자산 평균지출액 = (120,000 + 360,000) × 9/12 + 1,440,000 × 8/12 + 1,800,000 × 6/12 = 2,220,000원

20×2년의 적격자산 평균지출액을 계산할시에는 당해 연도인 20×2년의 지출액뿐만 아니라 전년도인 20×1년의 지출액 480,000원도 포함하여야 한다. 그 이유는 일반차입금 자본화차입원가를 계산시에 일반차입금을 이용하여 적격자산 관련 지출을 실시했다고 가정하기 때문이다. 즉, 20×1년도의 적격자산 지출이 일반차입금을 이용하여 이루어졌다면, 해당

부채(일반차입금)에 대한 이자비용은 당해 연도인 20×1년뿐만 아니라 다음연도인 20×2년에도 인식하여야 함을 의미하는 것이다.

- 20×2년도 이자비용 = 500,000 × 5% × 1/12 + 2,000,000 × 7% ×12/12 = 142,083원
- 20×2년도 일반차입금 평균액 = 500,000 × 1/12 + 2,000,000 × 12/12 = 2,041,667원
- 20×2년도 일반차입금 자본화이자율 = 142,083 ÷ 2,041,667 = 6.96%
- 20×2년도 일반차입금 자본화차입원가(한도 고려 전) = 1,920,000 × 6.96% = 154,512원

이때 일반차입금 자본화차입원가의 한도는 당해 연도에 발생한 일반차입금 이자비용을 한도로 한다. 20×2년도의 일반차입금 자본화차입원가 계산액인 154,512원이 당해 연도의 일반차입금 이자비용인 142,083원보다 크기 때문에 한도 금액인 142,083원을 일반차입금 자본화차입원가로 인식한다.

13. 〈20×1년〉

- 특정목적차입금의 자본화차입원가
  200,000 × 4% × 6/12 = 4,000원
- 일반목적차입금의 자본화차입원가
  20×1년도 적격자산 평균지출액: 200,000 × 9/12 + 450,000 × 4/12 = 300,000원
  20×1년도 일반목적차입금의 이자비용: 500,000 × 5% × 12/12 + 2,500,000 × 7% × 3/12 = 68,750원
  20×1년도 일반목적차입금의 평균액: 500,000 × 12/12 + 2,500,000 × 3/12 = 1,125,000원
  20×1년도 일반목적차입금 자본화이자율: 68,750 ÷ 1,125,000 = 6.11%
  20×1년도 특정목적차입금 평균액: 200,000 × 6/12 = 100,000원
  20×1년도 일반목적차입금 자본화차입원가(한도 고려 전):
  (300,000 − 100,000) × 6.11% = 12,220원

일반목적차입금 자본화차입원가 계산액인 12,220원이 실제 이자비용인 68,750원보다 작으므로 전액을 일반목적차입금 자본화차입원가로 인식한다.

• 20×1년도의 자본화차입원가: 4,000원(특정목적차입금 자본화차입원가)
+ 12,220원(일반목적차입금 자본화차입원가)
= 16,220원

〈20×2년〉

• 특정목적차입금의 자본화차입원가
200,000 × 4% × 6/12 = 4,000원

• 일반목적차입금의 자본화차입원가
20×2년도 적격자산 평균지출액: (200,000 + 450,000) × 9/12 + 1,700,000 × 6/12
+ 4,500,000 × 3/12 = 2,462,500원
20×2년도 일반목적차입금의 이자비용: 500,000 × 5% × 6/12 + 2,500,000 × 7% × 9/12 = 143,750원
20×2년도 일반목적차입금 평균액: 500,000× 6/12 + 2,500,000 × 9/12
= 2,125,000원
20×2년도 일반목적차입금 자본화이자율: 143,750 ÷ 2,125,000 = 6.76%
20×2년도 특정목적차입금 평균액: 200,000 × 6/12 = 100,000
20×2년도 일반목적차입금 자본화차입원가(한도 고려 전):
(2,462,500 − 100,000) × 6.76% = 159,705원
일반목적차입금 자본화차입원가 계산액인 159,705원이 실제 이자비용인 143,750원보다 크기 때문에 한도 금액인 143,750원을 일반목적차입금 자본화차입원가로 인식한다.

• 20×2년도의 자본화차입원가: 4,000원(특정목적차입금 자본화차입원가)
+ 143,750원(일반목적차입금 자본화차입원가)
= 147,750원

제 7 장

무형자산

OX 문제

1. ×, 무형자산은 크게 기업 외부로부터의 개별 취득 무형자산, 내부창출 무형자산(개발비) 및 영업권으로 구분되는데, 개별 취득 무형자산과 내부창출 무형자산(개발비)은 식별가능한 반면 영업권은 식별가능하지 않다는 차이가 있다.
2. ×, 프랜차이즈는 특정한 사업 주체로부터 사업권을 획득하고 일정한 지역 내에서 상품이나 용역을 제공할 수 있는 독점적 권리를 말한다.
3. ○
4. ○
5. ×, 무형자산을 내부 창출하는 과정 중 개발단계의 예로서 새로운 기술과 관련된 공구, 주형, 금형 등을 설계하는 활동 등을 들 수 있다.
6. ○
7. ×, 개발단계 진행 중 무형자산을 식별할 수 있고, 그 무형자산이 미래 경제적 효익을 창출할 수 있음을 제시할 수 있다면 무형자산으로 인식하게 된다. 구체적으로 개발단계 중 내부창출 무형자산 인식을 위한 6가지 사항을 모두 제시할 수 있는 경우, 해당 시점 이후 개발 단계 완료 시점까지의 지출을 개발비라는 무형자산으로 인식한다.
8. ○

9. ×, 내용연수가 비한정인 무형자산은 해당 자산의 내용연수가 비한정이라는 평가를 계속하여 매 회계기간에 검토하게 된다. 만약 사건과 상황에 따라 내용연수가 비한정이라는 평가가 정당하지 않다고 판단된 경우에는 비한정 내용연수를 유한 내용연수로 변경하고 변경시점부터 이후의 기간에 걸쳐 상각을 실시하게 된다.

10. ○

11. ○

12. ○

연습문제

1. 소프트웨어 취득원가:

300,000 + 40,000 + 10,000 + 28,000 + 5,000 − 14,000 = 369,000원

소프트웨어 관련 교육훈련비와 홍보원가는 당해 회계연도의 비용으로 인식함. 경영자가 원하는 방식으로 운용될 수 있으나 아직 사용하지 않고 있는 기간에 발생한 원가는 당해 회계연도의 비용으로 인식함.

2. 20×1. 1. 1.

(차) 매출채권	1,000,000	(대) 미지급이자	1,300,000
토 지	4,500,000	차입금	500,000
건 물	1,500,000	현 금	10,000,000
차량운반구	3,900,000		
영업권	900,000		

사업결합 과정에서 자산과 부채의 인식은 인수기업의 입장에서 실시함. ㈜부산물류가 소프트웨어를 자산으로 인식하고 있더라도 인수기업인 ㈜세연메디컬의 입장에서 소프트웨어가 무형자산의 인식기준을 충족하지 못한다고 판단하는 경우에는 자산으로 인식하지 않음.

3. (1) 비용:

1,000,000(연구단계의 지출) + 3,800,000*(경상개발비) + 300,000(연구단계와 개발단계의 구분이 어려운 지출) = 5,100,000원

* 5,700,000(개발단계 지출 총액) − 1,900,000(내부창출 무형자산 인식을 위한 6가지 사항을 모두 제시할 수 있게 된 시점 이후의 지출) = 3,800,000원

자산:

1,900,000원(개발비, 개발단계에서 내부창출 무형자산 인식을 위한 6가지 사항을 모두 제시할 수 있게 된 시점 이후의 지출)

(2) (차) 연구비 1,300,000* (대) 현 금 7,000,000

경상개발비 3,800,000

개발비 1,900,000

* 연구단계와 개발단계의 구분이 어려운 지출 300,000원은 연구단계의 지출인 연구비에 포함함

4. (1) (20,000,000 − 2,000,000)/4 = 4,500,000원

20×1년부터 20×4년까지 연도별 상각비는 매년 4,500,000원임

20×4. 12. 31.

(차) 소프트웨어상각비 4,500,000 (대) 소프트웨어상각누계액 4,500,000

(2)

	기초 장부금액	감가상각비	감가상각누계액	기말 장부금액
				20,000,000
20×1년	20,000,000	8,754,000	8,754,000	11,246,000
20×2년	11,246,000	4,922,374	13,676,374	6,323,626
20×3년	6,323,626	2,767,851	16,444,225	3,555,775
20×4년	3,555,775	1,555,775	18,000,000	2,000,000

20×4. 12. 31.

(차) 소프트웨어상각비 1,555,775 (대) 소프트웨어상각누계액 1,555,775

(3)

20×1년: (20,000,000 − 2,000,000) × (4/(1+2+3+4)) = 7,200,000원

20×2년: (20,000,000 − 2,000,000) × (3/(1+2+3+4)) = 5,400,000원

20×3년: (20,000,000 − 2,000,000) × (2/(1+2+3+4)) = 3,600,000원

20×4년: (20,000,000 − 2,000,000) × (1/(1+2+3+4)) = 1,800,000원

20×4. 12. 31.

(차) 소프트웨어상각비 1,800,000 (대) 소프트웨어상각누계액 1,800,000

(4) 상각률(이중체감법) = (1/내용연수) × 2 = 1/4 × 2 = 0.5

	기초 장부금액	감가상각비	감가상각누계액	기말 장부금액
				20,000,000
20×1년	20,000,000	10,000,000	10,000,000	10,000,000
20×2년	10,000,000	5,000,000	15,000,000	5,000,000
20×3년	5,000,000	2,500,000	17,500,000	2,500,000
20×4년	2,500,000	500,000	18,000,000	2,000,000

20×4. 12. 31.

(차) 소프트웨어상각비 500,000 (대) 소프트웨어상각 누계액 500,000

(5)

20×1년: (20,000,000 – 2,000,000) × (800/2,000) = 7,200,000원

20×2년: (20,000,000 – 2,000,000) × (400/2,000) = 3,600,000원

20×3년: (20,000,000 – 2,000,000) × (550/2,000) = 4,950,000원

20×4년: (20,000,000 – 2,000,000) × (250/2,000) = 2,250,000원

20×4. 12. 31.

(차) 소프트웨어상각비 2,250,000 (대) 소프트웨어 상각누계액 2,250,000

5. (1) 회계기간 중 무형자산 취득 경우에는 상각시에 기간 안분을 고려해야 한다.

(20,000,000 – 2,000,000)/4 = 4,500,000원

20×1년: 4,500,000×3/12 = 1,125,000원

20×2년~20×4년: 4,500,000원

20×5년: 4,500,000 × 9/12 = 3,375,000원

20×4년 1월 1일 기준 장부금액:

20,000,000 – (1,125,000 + 4,500,000 + 4,500,000) = 9,875,000원

(2)

	기초 장부금액	감가상각비	감가상각누계액	기말 장부금액
				20,000,000
20×1년	20,000,000	2,188,500*	2,188,500	17,811,500
20×2년	17,811,500	7,796,094	9,984,594	10,015,406
20×3년	10,015,406	4,838,743	14,368,337	5,631,663
20×4년	5,631,663	2,464,979	16,833,316	3,166,684
20×5년	3,166,684	1,166,684	18,000,000	2,000,000

* 20,000,000 × 0.4377 × 3/12 = 2,188,500원
20×4년 1월 1일 기준 장부금액: 5,631,663원

(3)

20×1년: 18,000,000* × 4/10** × 3/12 = 1,800,000원

* 20,000,000 − 2,000,000 =18,000,000 (상각대상금액)
** 1+2+3+4 = 10(내용연수의 합)

20×2년: 18,000,000 × 4/10 × 9/12 + 18,000,000 × 3/10 × 3/12 = 6,750,000원

20×3년: 18,000,000 × 3/10 × 9/12 + 18,000,000 × 2/10 × 3/12 = 4,950,000원

20×4년: 18,000,000 × 2/10 × 9/12 + 18,000,000 × 1/10 × 3/12 = 3,150,000원

20×5년: 18,000,000 × 1/10 × 9/12 = 1,350,000원

20×4년 1월 1일 기준 장부금액:

20,000,000 − (1,800,000 + 6,750,000 + 4,950,000) = 6,500,000원

(4) 상각률(이중체감법) = (1/내용연수)×2 = 1/4×2 = 0.5

	기초 장부금액	감가상각비	감가상각누계액	기말 장부금액
				20,000,000
20×1년	20,000,000	2,500,000*	2,500,000	17,500,000
20×2년	17,500,000	8,750,000	11,250,000	8,750,000
20×3년	8,750,000	4,375,000	15,625,000	4,375,000
20×4년	4,375,000	2,187,500	17,812,500	2,187,500
20×5년	2,187,500	187,500	18,000,000	2,000,000

* 20,000,000 × 0.5 × 3/12 = 2,500,000원

20×4년 1월 1일 기준 장부금액: 4,375,000원

6. 20×1년 7월 연구비와 개발비 지출 시점

(차) 연구비	300,000,000	(대) 현 금	1,500,000,000
경상개발비	1,080,000,000		
개발비	120,000,000		

20×1. 8. 1.

(차) 특허권	240,000	(대) 현 금	240,000

20×1. 12. 31.

(차) 개발비상각비	5,000,000*	(대) 개발비상각누계액	5,000,000
특허권상각비	5,000**	특허권상각누계액	5,000

* 120,000,000 × 1/10 × 5/12 = 5,000,000원
** 240,000 × 1/20 × 5/12 = 5,000원

7. 무형자산이 가지고 있는 미래 경제적 효익의 예상되는 소비행태를 신뢰성 있게 판단하기 어려운 경우에는 정액법을 적용하여 상각을 실시한다.

20×1. 12. 31.

(차) 의장권상각비	360,000	(대) 의장권상각누계액	360,000

* (2,000,000 − 200,000) × 1/5 = 360,000원

8. (1) 20×1. 12. 31.

(차) 연구비	1,000,000	(대) 현 금	3,000,000
경상개발비	1,500,000		
개발비	500,000		
(차) 개발비손상차손	200,000	(대) 개발비손상차손누계액	200,000

20×2. 12. 31.

(차) 개발비	800,000	(대) 현 금	800,000
(차) 개발비손상차손누계액	100,000	(대) 개발비손상차손환입	100,000

(2) 20×2. 12. 31.

(차) 개발비	800,000	(대) 현　금	800,000
(차) 개발비손상차손누계액	200,000	(대) 개발비손상차손환입	200,000

9. 20×1년: −500,000원(상각비)

20×2년: −570,000원 = −550,000원(상각비) − 20,000원(손상차손)

20×3년: −445,000원 = −465,000원(상각비) + 20,000원(재평가이익)

20×4년: −490,000원(상각비)

20×1. 12. 31.

(차) 상각비	500,000	(대) 상각누계액	500,000

	재평가 전		재평가 후
총장부금액	2,000,000	(350,000)	1,650,000
상각누계액	(500,000)	500,000	0
장부금액	1,500,000	150,000	1,650,000

(차) 상각누계액	500,000	(대) 소프트웨어	350,000
		재평가잉여금	150,000

20×2. 12. 31.

(차) 상각비	550,000*	(대) 상각누계액	550,000

* 1,650,000원 / 3년(잔존내용연수) = 550,000원

	재평가 전	재평가	재평가 후	손상차손	손상차손 후
총장부금액	1,650,000	(665,000)	985,000		985,000
상각누계액	(550,000)	550,000	0		0
손상차손누계액	0		0	(55,000)	(55,000)
장부금액	1,100,000	(115,000)	985,000	(55,000)	930,000

(차) 상각누계액	550,000	(대) 소프트웨어	665,000
재평가잉여금	115,000		
(차) 재평가잉여금	35,000*	(대) 손상차손누계액	55,000
손상차손	20,000		

* 재평가모형에서는 손상차손(비용)을 재평가감소액으로 처리, 즉 재평가 시 회계처

리방식에 준하여 실시한다. 구체적으로 재평가 시 재평가손실 인식 이전에 재평가잉여금을 먼저 차감하는 방식을 준용하여 손상차손(비용)을 인식하기에 앞서서 재평가잉여금이 존재하면 먼저 차감한다.

20×3. 12. 31.

(차) 상각비	465,000	(대) 상각누계액	465,000

재평가모형에서는 회수가능액이 상승하는 경우에 생각할 수 있는 손상차손환입(수익)의 효과를 별도의 손상차손환입 계정으로 인식되는 것이 아니라 해당 자산의 재평가 시 공정가치의 상승에 회수가능액의 상승효과도 반영된다고 본다. 따라서 손상차손환입(수익) 효과는 재평가 실시 시에 재평가증가액으로 처리, 즉 재평가 시 회계처리 과정에서 반영된다. 구체적으로 재평가 시 재평가잉여금 인식 이전에 기존에 재평가손실이 발생하였으면 해당 금액만큼 재평가이익을 인식하는 방식을 준용하여 기존에 손상차손이 발생하였으면 해당 금액만큼 재평가이익으로 인식(재평가증가액으로 처리)한 후에 추가적으로 재평가잉여금을 인식한다.

	재평가 전	재평가	재평가 후
총장부금액	985,000	(495,000)	490,000
상각누계액	(465,000)	465,000	0
손상차손누계액	(55,000)	55,000	0
장부금액	465,000	25,000	490,000*

(차) 상각누계액	465,000	(대) 소프트웨어	495,000
손상차손누계액	55,000**	재평가이익	20,000***
		재평가잉여금	5,000

* 재평가모형의 장부금액은 공정가치 금액이다. 회수가능액이 공정가치보다 높을 경우에 회수가능액까지 장부금액을 증가시키는 것은 아니다.

** 재평가 분개 관련, 감가상각누계액을 제거할 시에 손상차손누계액도 함께 제거하였다.

*** 재평가모형에서는 손상차손환입(수익) 효과를 재평가증가액으로 처리, 즉 재평가 시 회계처리방식에 준하여 실시한다. 구체적으로 재평가 시 재평가잉여금 인식 이전에 기존에 재평가손실이 발생하였으면 해당 금액만큼 재평가이익을 인식하는 방식을 준용하여 기존에 손상차손이 발생하였으면 해당 금액만큼 재평가이익으로 인식(재평가증가액으로 처리)한 후에 추가적으로 재평가잉여금을

인식한다. 따라서 원가모형에서 사용하였던 손상차손환입(수익) 계정의 역할을 재평가모형에서는 재평가이익(수익) 계정이 담당한다.

20×4. 12. 31.

(차) 상각비	490,000	(대) 상각누계액	490,000

10. (1)

(차) 현 금	190,000	(대) 상표권	300,000
상표권상각누계액	115,000*	무형자산처분이익	5,000

* 30,000 + 30,000 + 30,000 + 30,000 × 10/12 = 115,000원

(2)

(차) 현 금	180,000*	(대) 상표권	300,000
상표권상각누계액	115,000		
무형자산처분손실	5,000		

* 처분부대비용 10,000원을 고려할 때 매각 시 무형자산의 순매각금액은 180,000원이 된다.

제8장

투자자산

OX 문제

1. ○
2. ×, 기업이 보유하고 있는 토지와 건물 등 부동산은 임대수익이나 시세차익을 얻을 목적으로 보유하는 경우에는 투자부동산으로 분류한다.
3. ×, 장기 시세차익을 얻기 위하여 보유하고 있는 토지와 장래 용도를 결정하지 못한 채로 보유하고 있는 토지는 투자부동산으로 분류한다.
4. ○
5. ×, 투자부동산의 공정가치 평가시에 공정가치의 하락은 비용으로 인식하고, 공정가치의 상승은 수익으로 인식한다.
6. ○
7. ○
8. ○
9. ×, 당기손익-공정가치 측정 금융자산은 기업이 해당 주식을 취득한 이후 보유하는 기간 동안 발생하는 공정가치의 변화를 금융자산의 장부금액에 가감하며 공정가치 변화로 인한 평가손익을 당기손익으로 인식한다.
10. ○
11. ×, AC 금융자산으로 분류된 채무증권의 처분 시에 인식하는 처분손익금액은 동일한 채무증권을 FVOCI 금융자산으로 분류하였을 경우에 인식하는 처분손익금액과 동일하다.

연습문제

1.

(1) 20×1. 1. 1.

(차) 투자부동산	100,000	(대) 현　금	100,000

(2) 20×1. 12. 31.

(차) 감가상각비*	20,000	(대) 감가상각누계액	20,000

* 유형자산의 감가상각비 인식 분개와 동일함

(3) 20×1. 12. 31.

(차) 투자부동산	5,000	(대) 투자부동산평가이익*	5,000

20×2. 12. 31.

(차) 투자부동산평가손실	35,000	(대) 투자부동산	35,000

* 투자부동산에 대하여 공정가치모형 적용시에는 감가상각을 실시하지 아니함.

2.

(1) 20×1. 1. 1.

(차) 투자부동산	30,000	(대) 현　금	100,000
건물(유형자산)	70,000		

(2) 20×1. 12. 31.

(차) 감가상각비(투자부동산)	6,000	(대) 감가상각누계액(투자부동산)	6,000
감가상각비(유형자산)	14,000	감가상각누계액(유형자산)	14,000

(3) 20×1. 12. 31.

(차) 감가상각비(유형자산)	14,000	(대) 감가상각누계액(유형자산)	14,000
(차) 투자부동산	2,000	(대) 투자부동산평가이익	2,000

20×2. 12. 31.

(차) 감가상각비(유형자산)	11,200	(대) 감가상각누계액(유형자산)	11,200
(차) 투자부동산평가손실	5,000	(대) 투자부동산	5,000

3.

(1) 20×1년

(차) 건설중인자산(투자부동산) 530,000 (대) 현 금 530,000

20×2년

(차) 건설중인자산(투자부동산) 270,000 (대) 현 금 270,000

(2) 20×2. 10. 1.

(차) 투자부동산 800,000 (대) 건설중인자산(투자부동산) 800,000

20×2. 12. 31.

(차) 감가상각비 38,000* (대) 감가상각누계액 38,000

* (800,000 − 40,000) × 1/5 × 3/12 = 38,000원

(3) 20×2. 10. 1.

(차) 투자부동산 790,000 (대) 건설중인자산(투자부동산) 800,000
투자부동산평가손실 10,000

20×2. 12. 31.

(차) 투자부동산 35,000 (대) 투자부동산평가손실 10,000
투자부동산평가이익 25,000

(4) 20×3년 초

(차) 현 금 815,000 (대) 투자부동산 825,000
투자부동산처분손실 10,000

4.

(1) 20×1. 12. 31.

(차) 투자부동산평가손실 50,000 (대) 투자부동산 50,000

20×2. 10. 1.

(차) 건물(유형자산) 600,000 (대) 투자부동산 450,000
투자부동산평가이익 150,000

(2) 20×2. 12. 31.

(차) 감가상각비	30,000	(대) 감가상각누계액	30,000

* 600,000 × 1/5 × 3/12 = 30,000

(3) 20×2. 12. 31.

(차) 감가상각비	30,000	(대) 감가상각누계액	30,000
건물(유형자산)	12,000	재평가잉여금	42,000*
감가상각누계액	30,000		

*

	재평가 전		재평가 후
총장부금액	600,000	12,000	612,000
감가상각누계액	(30,000)	30,000	–
장부금액	570,000	42,000	612,000

5. (1) 20×1. 12. 31.

(차) 감가상각비	48,000	(대) 감가상각누계액	48,000

* (500,000 − 20,000) × 1/10 = 48,000원

20×2. 10. 1.

(차) 감가상각비	36,000*	(대) 감가상각누계액	36,000

* (500,000 − 20,000)×1/10×9/12 =36,000원

(차) 투자부동산	430,000	(대) 건물(유형자산)	500,000
감가상각누계액	84,000	재평가잉여금**	14,000

** 유형자산에 원가모형을 적용하였을 때에도 유형자산을 공정가치평가 투자부동산으로 대체시에는 유형자산의 장부금액과 투자부동산 공정가치의 차액을 재평가 회계처리와 동일한 방식으로 회계처리함에 주의하여야 한다.

(2) 20×1. 12. 31.

(차) 감가상각비	48,000	(대) 감가상각누계액	48,000
(차) 감가상각누계액	48,000	(대) 건 물	60,000
재평가손실	12,000*		

*

	재평가 전		재평가 후
총장부금액	500,000	(60,000)	440,000
감가상각누계액	(48,000)	48,000	–
장부금액	452,000	(12,000)	440,000

20×2. 10. 1.

(차) 감가상각비 35,000* (대) 감가상각누계액 35,000

* (440,000 − 20,000) × 1/9 × 9/12 = 35,000원

(차) 투자부동산 430,000 (대) 건 물 440,000
감가상각누계액 35,000 재평가이익 12,000
재평가잉여금 13,000

(3) 20×2. 12. 31.

(차) 투자부동산평가손실 20,000 (대) 투자부동산 20,000

6. (1) 20×1. 1. 1.

(차) FVPL 금융자산 500,000 (대) 현 금 500,000

20×1. 12. 31.

(차) FVPL 금융자산 300,000 (대) 금융자산평가이익_PL 300,000

20×1년 12월 31일에 공정가치 변동 300,000원만큼 FVPL 금융자산의 장부금액을 증가시키며, 금융자산평가이익_PL은 포괄손익계산서상의 당기이익에 반영한다.

(2) 20×1. 12. 31.

(차) 금융자산평가손실_PL 150,000 (대) FVPL 금융자산 150,000

20×1년 12월 31일에 공정가치 변동 150,000원만큼 FVPL 금융자산의 장부금액을 감소시키며, 금융자산평가손실_PL은 포괄손익계산서상의 당기손실에 반영한다.

7. (1) 20×1. 1. 1.

(차) FVOCI 금융자산 500,000 (대) 현 금 500,000

20×1. 12. 31.

(차) 금융자산평가손실-OCI 110,000 (대) FVOCI 금융자산 110,000

20×1년 12월 31일에 공정가치 변동 110,000원만큼 FVOCI 금융자산의 장부금액을 감소시키며, 금융자산평가손실-OCI는 포괄손익계산서상의 당기손실이 아닌 기타포괄손익(자본)에 반영한다.

(2) 20×1. 12. 31.

(차) FVOCI 금융자산 50,000 (대) 금융자산평가이익-OCI 50,000

20×1년 12월 31일에 공정가치 변동 50,000원만큼 FVOCI 금융자산의 장부금액을 증가시키며, 금융자산평가이익-OCI는 포괄손익계산서상의 당기이익이 아닌 기타포괄손익(자본)에 반영한다.

8. (1) 〈상각후 원가표〉

일 자	기초 장부금액	유효이자(9%)	액면이자(8%)	상각액	기말 장부금액
20×1. 1. 1.					9,747*
20×1. 12. 31.	9,747	877	800	77	9,824
20×2. 12. 31.	9,824	884	800	84	9,908
20×3. 12. 31.	9,908	892	800	92	10,000

* 10,000 × 0.7722(9%, 3년, 단일금액의 현가) + 800 × 2.5313(9%, 3년, 연금현가) = 9,747원

20×1. 1. 1.

(차) AC 금융자산 9.747 (대) 현 금 9,747

20×1. 12. 31

(차) 현 금 800 (대) 이자수익 877

AC 금융자산 77

20×2. 12. 31.

(차) 현 금 800 (대) 이자수익 884

AC 금융자산 84

20×3. 12. 31.

	(차) 현 금	800	(대) 이자수익	892
	AC 금융자산	92		
	(차) 현 금	10,000	(대) AC 금융자산	10,000
(2)	(차) 현 금	9,930	(대) AC 금융자산	9,908
			금융자산처분이익	22

9. (1) 20×1. 1. 1.

(차) FVOCI 금융자산	9,747	(대) 현 금	9,747

20×1. 12. 31

(차) 현 금	800	(대) 이자수익	877
FVOCI 금융자산	77		
(차) 금융자산평가손실-OCI	124	(대) FVOCI 금융자산	124

20×2. 12. 31.

(차) 현 금	800	(대) 이자수익	884
FVOCI 금융자산	84		
(차) FVOCI 금융자산	166*	(대) 금융자산평가손실-OCI	124
		금융자산평가이익-OCI	42**

* 9,950 − (9,700 + 84) = 166원

** 본 예시에서 166원만큼의 금융자산평가이익을 인식할 때에는, 전기에 인식하였던 금융자산평가손실(자본) 124원을 먼저 감소시킨 후에, 추가 금액인 42원을 금융자산평가이익(자본)으로 인식함에 주의하여야 한다.

(2)	(차) 현 금	9,930	(대) FVOCI 금융자산	9,950
	금융자산평가이익 - OCI	42	금융자산처분이익	22*

* FVOCI 금융자산 처분시에는 자본으로 분류되었던 금융자산평가손익을 제거한다. 금융자산평가손익의 제거결과 AC 금융자산으로 분류했을 시와 동일한 처분손익을 나타내게 된다.

10. (1) 20×1. 1. 1.

(차) FVPL 금융자산	9,747	(대) 현 금	9,747

20×1. 12. 31.

(차) 현 금	800	(대) 이자수익	877
FVPL 금융자산	77		
(차) 금융자산평가손실_PL	124	(대) FVPL 금융자산	124

20×2. 12. 31.

(차) 현 금	800	(대) 이자수익	884
FVPL 금융자산	84		
(차) FVPL 금융자산	166	(대) 금융자산평가이익_PL	166

(2)

(차) 현 금	9,930	(대) FVPL 금융자산	9,950
금융자산처분손실	20		

제 9 장

부 채

OX 문제

1. ×, 현재 의무의 이행시기가 재무제표 작성일을 기준으로 1년 이내에 도래할 경우에는 유동부채로, 1년 이후의 기간에 도래할 경우에는 비유동부채로 구분한다.
2. ×, 매입채무나 종업원 및 그 밖의 영업원가에 대한 미지급비용과 같은 부채는 기업의 정상영업주기 내에 사용되는 운전자본의 일부로서, 보고기간 후 12개월 후에 결제일이 도래하는 경우에도 유동부채로 분류한다.
3. ○
4. ○
5. ×, 미지급비용은 기중에 이미 비용이 발생하였지만, 기말까지 현금 지급이 이루어지지 않아 기말에 수정분개를 통해 인식하게 되는 지급채무이다.
6. ○
7. ×, 선수금이란 기업이 상품, 제품 등 재화의 판매, 용역의 제공 등에 대하여 거래상대방과 약정하고 사전에 수취한 금액을 말한다.
8. ○
9. ×, 사채의 발행시에 유효이자율이 액면이자율보다 높은 경우에는 할인발행이, 유효이자율이 액면이자율보다 낮은 경우에는 할증발행이 이루어지게 된다.
10. ○
11. ○

연습문제

1. (1) 20×1. 1. 1.

(차) 비 품	90,000	(대) 미지급금	90,000

20×1. 1. 31.

(차) 임차료	1,500	(대) 미지급임차료	1,500
(차) 비품감가상각비	1,350*	(대) 비품감가상각누계액	1,350

* (90,000 − 9,000)×1/5×1/12 = 1,350원

(2) 20×1. 2. 1.

(차) 미지급임차료	1,500	(대) 현 금	1,500

2. (1) 20×1. 1. 1.

(차) 현 금	36,000	(대) 임대수익	36,000

20×1. 1. 31.

(차) 임대수익	34,500	(대) 선수임대수익	34,500*

* 36,000 × 23(미도래 기간)/24(전체 임대기간) = 34,500원

(2) 20×1. 2. 28.

(차) 선수임대수익	1,500	(대) 임대수익	1,500

(3) 20×1. 3. 31.

(차) 선수임대수익	1,500	(대) 임대수익	1,500

3. 20×1. 1. 23.

(차) 급 여	400,000	(대) 현 금	290,000
		국민연금예수금	45,000
		건강보험예수금	33,000
		소득세예수금	32,000

20×1. 2. 1.

(차) 국민연금예수금	45,000	(대) 현 금	110,000

건강보험예수금 33,000

소득세예수금 32,000

4. (1) 1,000,000 × 0.7722(9%, 3년, 단일금액의 현가) + 70,000 × 2.5313(9%, 3년, 연금현가) = 949,391원

(2) $949{,}391 = \frac{70{,}000}{(1+r)} + \frac{70{,}000}{(1+r)^2} + \frac{1{,}070{,}000}{(1+r)^3}$

r = 0.09(9%)

(3) $902{,}259^{*} = \frac{70{,}000}{(1+r)} + \frac{70{,}000}{(1+r)^2} + \frac{1{,}070{,}000}{(1+r)^3}$

r = 0.11**(11%)

* 949,391(유효이자율이 9%일 때 발행금액) − 47,132(사채발행 관련 비용) = 902,259(사채 발행시 최종 수취금액)

** 11%는 1,000,000 × 0.7312(11%, 3년, 단일금액의 현가) + 70,000×2.4437(11%, 3년, 연금현가) = 902,259원임을 통해서도 확인할 수 있다.

5. 10,000×0.8163(7%, 3년, 단일금액의 현가) + 500×2.6243(7%, 3년, 연금현가) = 9,475원

〈사채할인발행차금상각표〉

일 자	유효이자 (7%)	액면이자 (5%)	사채할인발행차금 상각액	사채할인발행차금 미상각액	사채장부금액
20×1. 1. 1.				525	9,475
20×1. 12. 31.	663	500	163	362	9,638
20×2. 12. 31.	675	500	175	187	9,813
20×3. 12. 31.	687	500	187	−	10,000

일자	차변	금액	대변	금액
20×1. 1. 1.	(차) 현 금	9,475	(대) 사 채	10,000
	사채할인발행차금	525		
20×1. 12. 31.	(차) 이자비용	663	(대) 현 금	500
			사채할인발행차금	163
20×2. 12. 31.	(차) 이자비용	675	(대) 현 금	500
			사채할인발행차금	175

20×3. 12. 31. (차) 이자비용 687 (대) 현 금 500
사채할인발행차금 187
(차) 사 채 10,000 (대) 현 금 10,000

6. 10,000 × 0.9423(2%, 3년, 단일금액의 현가) + 500 × 2.8839(2%, 3년, 연금현가)
= 10,865원

〈사채할증발행차금상각표〉

일 자	유효이자 (7%)	액면이자 (5%)	사채할증발행 차금 상각액	사채할증발행 차금 미상각액	사채장부 금액
20×1. 1. 1.				865	10,865
20×1. 12. 31.	217	500	283	582	10.582
20×2. 12. 31.	212	500	288	294	10,294
20×3. 12. 31.	206	500	294	–	10,000

20×1. 1. 1. (차) 현 금 10,865 (대) 사 채 10,000
사채할증발행차금 865
20×1. 12. 31. (차) 이자비용 217 (대) 현 금 500
사채할증발행차금 283
20×2. 12. 31. (차) 이자비용 212 (대) 현 금 500
사채할증발행차금 288
20×3. 12. 31. (차) 이자비용 206 (대) 현 금 500
사채할증발행차금 294
(차) 사 채 10,000 (대) 현 금 10,000

7. 1,000 × 0.8636(5%, 3년, 단일금액의 현가) + 50 × 2.7232(5%, 3년, 연금현가)
= 1,000원

20×1. 1. 1. (차) 현 금 1,000 (대) 사 채 1,000
20×1. 12. 31. (차) 이자비용 50* (대) 현 금 50**

* 1,000(사채발행금액) × 5%(유효이자율) = 50원
** 1,000(사채액면가액) × 5%(액면이자율) = 50원

	차변	금액	대변	금액
20×2. 12. 31.	(차) 이자비용	50	(대) 현 금	50
20×3. 12. 31.	(차) 이자비용	50	(대) 현 금	50
	(차) 사 채	1,000	(대) 현 금	1,000

8. (1) 20×2년 8월 31일 이자비용 인식

	차변	금액	대변	금액
20×2. 8. 31.	(차) 이자비용	360*	(대) 미지급이자	267**
			사채할인발행차금	93

* 9,638 × 7% × 8/10 × 8/12 = 360원
** 10,000 × 5% × 8/10 × 8/12 = 267원

– 20×2년 8월 31일 사채 액면금액 8,000원의 상환

	차변	금액	대변	금액
20×2. 8. 31.	(차) 사 채	8,000	(대) 현 금	7,000
	미지급이자	267	사채할인발행차금	197*
			사채상환이익	1,070

* 362(20×2년 1월 1일 기준 사채할인발행차금 미상각액) × 8/10 – 93(20×2년 8월 31일 이자비용 인식 시 사채할인발행차금 상각액) = 197원

	차변	금액	대변	금액
20×2. 12. 31.	(차) 이자비용	135*	(대) 현 금	100**
			사채할인발행차금	35

* 1,928(9,638×0.2) × 7% = 135원
** 2,000(10,000×0.2) × 5% = 100원

	차변	금액	대변	금액
20×3. 12. 31.	(차) 이자비용	137*	(대) 현 금	100
			사채할인발행차금	37

* 1,963(1928+35)×7% = 137원 또는 1,963(9,813×0.2)×7% = 137원

	차변	금액	대변	금액
	(차) 사 채	2,000	(대) 현 금	2,000

– 참고로 만기에 상환하는 2,000원 관련 20×2년과 20×3년의 사채할인발행차금 상각은 다음과 같다.

일 자	유효이자 (7%)	액면이자 (5%)	사채할인발행차금 상각액	사채할인 발행차금 미상각액	사채장부 금액
20×1. 12. 31.				72**	1,928*
20×2. 12. 31.	135	100	35	37	1,963
20×3. 12. 31.	137	100	37	-	2,000

* 9,638(20×2년 초 장부금액) × 2/10 = 1,928원
** 362(20×2년 초 미상각액) × 2/10 = 72원
2,000(액면금액) - 72(미상각액) = 1,928원(장부금액)

(2) 20×3년 1월 1일 지급금액

10,500* × 0.9259(8%**, 1년, 단일금액의 현가) = 9,722원

* 상환일 이후 미래 현금흐름: 20×3년 12월 31일 이자 500원 및 원금 10,000원
** 사채상환일 기준 유효이자율

(차) 사 채	10,000	(대) 현 금	9,722
		사채할인발행차금	187
		사채상환이익	91

9. 50,000 × 0.8163(7%, 3년, 단일금액의 현가) = 40,815원

〈현재가치할인차금상각표〉

일 자	유효이자 (7%)	액면이자 (0%)	사채현재가치 할인차금 상각액	현재가치할 인차금 미상각액	장기미지 급금장부 금액
20×1. 1. 1.				9,185	40,815
20×1. 12. 31.	2,857	-	2,857	6,328	43,672
20×2. 12. 31.	3,057	-	3,057	3,271	46,729
20×3. 12. 31.	3,271	-	3,271	-	50,000

20×1. 1. 1.	(차) 토 지	40,815	(대) 장기미지급금	50,000
	현재가치할인차금	9,185		
20×1. 12. 31.	(차) 이자비용	2,857	(대) 현재가치할인차금	2,857
20×2. 12. 31.	(차) 이자비용	3,057	(대) 현재가치할인차금	3,057
20×3. 12. 31.	(차) 이자비용	3,271	(대) 현재가치할인차금	3,271

(차) 장기미지급금 50,000 (대) 현 금 50,000

10. (1) 20×1. 12. 31. (차) 제품보증비 10,000* (대) 제품보증충당부채 10,000

* 500,000 × 2% = 10,000원

20×2. 1. 31. (차) 제품보증충당부채 7,000 (대) 현 금 7,000

(2) 20×2. 1. 31. (차) 제품보증충당부채 10,000 (대) 현 금 12,000

제품보증비 2,000

제10장

자 본

OX 문제

1. ○
2. ×, 재무상태표상의 자본총액은 해당 기업이 발행한 주식의 시가총액과 우연한 경우에만 일치하게 된다.
3. ×, 자본금이란 주식 1주당 액면금액에 발행주식수를 곱하여 나온 금액을 의미한다. 자본금은 채권자들을 보호하기 위해 기업이 보유해야 하는 최소금액으로서 채권자 보호를 위해서 주주의 배당을 위한 재원에서 제외한다.
4. ○
5. ○
6. ○
7. ○
8. ×, 자본의 총 변화분 가운데 주주와의 거래를 제외한 발생분을 총포괄이익이라고 하는데, 이익잉여금은 총포괄이익 가운데 수익에서 비용을 제한 금액, 즉 당기순이익이 누적된 금액을 의미한다.
9. ○
10. ×, 자본조정은 자본의 변동 가운데 자본금, 자본잉여금, 이익잉여금 및 기타포괄손익누계액으로 분류되지 않는 항목들을 의미한다.

연습문제

1.

날짜	차변	금액	대변	금액
20×1. 1. 1.	(차) 현 금	5,500,000	(대) 자본금	5,000,000
			주식발행초과금	500,000
20×1. 4. 30.	(차) 현 금	8,600,000	(대) 자본금	10,000,000
	주식발행초과금	500,000		
	주식할인발행차금	900,000*		

* 주식할인발행차금 인식 시에 전기에 인식한 주식발행초과금이 있는 경우 먼저 제거한 후, 초과 금액을 주식할인발행차금으로 인식한다.

2.

날짜	차변	금액	대변	금액
20×1. 7. 1.	(차) 이익준비금	300,000,000*	(대) 자본금	300,000,000

* 5,000 × 3,000 × 20 = 300,000,000원

3.

날짜	차변	금액	대변	금액
(1) 20×1. 4. 1.	(차) 자본금	500,000	(대) 현 금	700,000
	주식발행초과금	70,000		
	감자차손	130,000		
(2) 20×1. 4. 1.	(차) 자본금	500,000	(대) 현 금	400,000
	주식발행초과금	70,000	감자차익	170,000

4.

날짜	차변	금액	대변	금액
20×1. 4. 1.	(차) 자본금	5,000,000	(대) 이월결손금	5,500,000
	주식발행초과금	700,000	감자차익	200,000

5.

날짜	차변	금액	대변	금액
(1) 20×1. 2. 1.	(차) 자기주식	75,000	(대) 현 금	75,000
20×1. 2. 10.	(차) 현 금	80,000	(대) 자기주식	75,000
			자기주식처분이익 (자본잉여금)	5,000
(2) 20×1. 2. 1.	(차) 자기주식	50,000	(대) 현 금	75,000
	주식발행초과금	5,000		
	감자차손	20,000		

20×1. 2. 10.	(차) 현　금	80,000	(대) 자기주식	50,000
			주식발행초과금	30,000
(3) 20×1. 2. 10.	(차) 현　금	49,000	(대) 자기주식	75,000
	자기주식처분손실 (자본조정)	26,000		
(4) 20×1. 2. 10.	(차) 현　금	49,000	(대) 자기주식	50,000
	자기주식처분손실	1,000		

6. 20×1. 1. 1.	(차) 현　금	47,500*	(대) 자본금	50,000
	주식할인발행차금	2,500		
20×1. 2. 1.	(차) 현　금	69,300	(대) 자본금	50,000
			주식할인발행차금	2,500
			주식발행초과금	16,800

* 상장수수료 등 주식발행 관련 비용을 별도의 계정으로 분개하지 않고 해당 금액만큼 주식발행초과금이나 주식할인발행차금 계정을 조정한다.

7.

- 미처분이익잉여금

$$\underbrace{(8,000,000-5,500,000)}_{\text{당기순이익}} - \underbrace{(8,000,000-5,500,000)\times 10\%}_{\text{현금배당}}$$

$$-\underbrace{\{(8,000,000-5,500,000)\times 10\%\}\times 10\%}_{\text{이익준비금(법정적립금)}} - \underbrace{450,000}_{\text{결손보전적립금(임의적립금)}}$$

$$= 1,775,000\text{원}$$

- 이익잉여금

$$\underbrace{1,775,000}_{\text{미처분이익잉여금}} + \underbrace{25,000}_{\text{법정적립금}} + \underbrace{450,000}_{\text{임의적립금}} = 2,250,000\text{원}$$

- 자본총계

$$\underbrace{1,000,000}_{\text{자본금}} + \underbrace{2,250,000}_{\text{이익잉여금}} = 3,250,000\text{원}$$

8. (1) 20×1. 12. 31. (차) 토 지 100 (대) 재평가잉여금 100
(기타포괄이익)

재평가시 토지의 공정가치 증가분에 해당하는 재평가잉여금 100원은 기타포괄이익으로서, 포괄손익계산서상의 기타포괄이익으로 인식된 후 마감분개를 통해서 재무상태표의 자본 항목 가운데 기타포괄손익누계액을 증가시키게 된다.

(2) 20×1. 12. 31. (차) 토지(투자부동산) 100 (대) 투자부동산평가이익 100

투자부동산의 공정가치 평가시 투자부동산의 공정가치 증가분에 해당하는 투자부동산평가이익 100원은 당기 수익으로서, 포괄손익계산서상의 당기순이익의 수익 항목으로 인식된 후 마감분개를 통해서 재무상태표의 자본 항목 가운데 이익잉여금을 증가시키게 된다.

9. (1) – 주식선택권의 가치: 1,000개 × 10명 × 1,350원 = 13,500,000원
– 주식보상비용: 13,500,000 × 90% = 12,150,000원

(2) 20×1. 12. 31. (차) 주식보상비 4,050,000* (대) 주식선택권 4,050,000
(자본조정)

* 12,150,000 / 3 = 4,050,000원

제11장

회계순환과정

OX 문제

1. ×, 분개는 기업과 관련된 거래와 사건의 내용을 최초로 기록하는 것을 의미한다. 구체적으로 시간 순서에 따라 해당 거래와 사건으로 인한 자산, 부채, 자본의 변화와 수익, 비용의 발생 내용을 파악하고 관련되는 계정 및 금액을 차변과 대변으로 나누어 분개장에 기록하게 된다.
2. ○
3. ×, 수정전시산표의 차변의 합계와 대변의 합계가 일치한다는 사실이 반드시 분개와 전기 실시시에 기입상의 오류가 없다는 것을 의미하지는 않는다.
4. ○
5. ○
6. ○
7. ×, 수정후시산표를 작성한 후에는 총계정원장의 각 계정들을 마감하게 된다. 임시계정인 수익계정과 비용계정은 회계기간 종료시 해당 계정의 잔액을 차기로 이월시키지 않고 집합손익 계정을 이용하여, 최종적으로 0의 잔액으로 해당 회계기간을 마감하게 된다.
8. ○
9. ○
10. ×, 재무제표 가운데 자본변동표는 해당 회계기간 동안 주주의 몫, 즉 자본의

변동 내용을 정리한 것으로서 해당 회계기간 동안의 경영성과인 당기순이익(순손실)은 자본의 변동에 영향을 미치는 항목에 해당한다.

연습문제

1. (1)

날 짜	차 변		대 변	
① 1월 1일	현 금	90,000,000	자본금	50,000,000
			주식발생초과금	40,000,000
② 1월 1일	임차보증금	50,000,000	현 금	52,500,000
	임차료-판관비	2,500,000		
③ 1월 2일	현 금	30,000,000	단기차입금	30,000,000
④ 1월 2일	투자부동산(토지)	10,000,000	현 금	10,000,000
	현 금	3,000,000	선수임대수익	3,000,000
⑤ 1월 3일	기 계	40,000,000	현 금	40,000,000
	비 품	4,800,000	미지급금	4,800,000
⑥ 1월 3일	단기대여금	5,000,000	현 금	5,000,000
⑦ 1월 4일	선급보험료	1,200,000	현 금	1,200,000
⑧ 1월 7일	상 품	10,000,000	매입채무	10,000,000
⑨ 1월 10일	소모품	1,000,000	현 금	1,000,000
⑩ 1월 29일	급여 - 판관비	5,000,000	현 금	5,000,000
⑪ 1월 30일	전력비 - 판관비	330,000	현 금	330,000
⑫ 1월 31일	매출채권	9,500,000	매 출	9,500,000
	매출원가	3,800,000	상 품	3,800,000
⑬ 1월 31일	미수금	7,000,000	투자부동산	5,000,000
			투자부동산처분이익	2,000,000
	투자부동산	2,000,000	투자부동산평가이익	2,000,000

(2)

현금(자산)

차변	대변
① 90,000,000	② 52,500,000
③ 30,000,000	④ 10,000,000
④ 3,000,000	⑤ 40,000,000
	⑥ **5,000,000**
	⑦ 1,200,000
	⑨ 1,000,000
	⑩ 5,000,000
	⑪ 330,000
차변합계 : 123,000,000	대변합계 : **115,030,000**

잔액 : **7,970,000**

자본금 (자본)

차변	대변
	① 50,000,000

임차보증금 (자산)

차변	대변
② 50,000,000	

임차료 (비용)

차변	대변
② 2,500,000	

단기차입금 (부채)

차변	대변
	③ 30,000,000

선수임대수익 (부채)

차변	대변
	④ 3,000,000

기계 (자산)

차변	대변
⑤ 40,000,000	

비품 (자산)

차변	대변
⑤ 4,800,000	

미지급금 (부채)

차변	대변
	⑤ 4,800,000

단기대여금 (자산)

차변	대변
⑥ 5,000,000	

선급보험료 (자산)

차변	대변
⑦ 1,200,000	

상품 (자산)

차변	대변
⑧ 10,000,000	⑫ 3,800,000

잔 액 6,200,000

소모품 (자산)

차변	대변
⑨ 1,000,000	

급여 (비용)	
⑩ 5,000,000	

전력비 (비용)	
⑪ 330,000	

매출채권 (자산)	
⑫ 9,500,000	

매출 (수익)	
	⑫ 9,500,000

매출원가 (비용)	
⑫ 3,800,000	

매입채무 (부채)	
	⑧ 10,000,000

주식발행초과금 (자본)	
	① 40,000,000

투자부동산	
④ 10,000,000	⑬ 5,000,000
⑬ 2,000,000	

잔 액　7,000,000

미수금	
⑬ 7,000,000	

투자부동산평가이익	
	⑬ 2,000,000

투자부동산처분이익	
	⑬ 2,000,000

(3)

시산표
20×1년 1월 31일

㈜세연메디컬　(단위: 원)

계정과목	차 변	대 변
현 금	7,970,000	
매출채권	9,500,000	
선급보험료	1,200,000	
상 품	6,200,000	
임차보증금	50,000,000	
미수금	7,000,000	
기 계	40,000,000	
비 품	4,800,000	

단기대여금	5,000,000	
소모품	1,000,000	
투자부동산	7,000,000	
매입채무		10,000,000
미지급금		4,800,000
단기차입금		30,000,000
선수임대수익		3,000,000
자본금		50,000,000
주식발행초과금		40,000,000
매 출		9,500,000
투자부동산평가이익		2,000,000
투자부동산처분이익		2,000,000
급 여	5,000,000	
전력비	330,000	
매출원가	3,800,000	
임차료	2,500,000	
합 계	151,300,000	151,300,000

(4)

날짜	차 변		대 변	
결산수정분개	3) 이자비용	75,000	미지급비용	75,000
	4) 선수임대수익	1,000,000	임대수익	1,000,000
	5) 기계감가상각비	600,000	기계감가상각누계액	600,000
	비품감가상각비	80,000	비품감가상각누계액	80,000
	6) 미수수익	25,000	이자수익	25,000
	7) 보험료	100,000	선급보험료	100,000
	9) 소모품비	700,000	소모품	700,000
	12) 대손상각비	300,000	대손충당금	300,000

이자비용 (비용)	
3) 75,000	

미지급비용 (부채)	
	3) 75,000

기계감가상각비	
5) 600,000	

기계감가상각누계액	
	5) 600,000

미수수익 (자산)

차변	대변
6) 25,000	

이자수익 (수익)

차변	대변
	6) 25,000

보험료 (비용)

차변	대변
7) 100,000	

선급보험료 (자산)

차변	대변
⑦ 1,200,000	7) 100,000

잔 액 1,100,000

소모품 (자산)

차변	대변
⑨ 1,000,000	9) 700,000

잔 액 300,000

소모품비 (비용)

차변	대변
9) 700,000	

선수임대수익 (부채)

차변	대변
4) 1,000,000	④ 3,000,000

잔 액 2,000,000

임대수익 (수익)

차변	대변
	4) 1,000,000

비품감가상각비

차변	대변
5) 80,000	

비품감가상각누계액

차변	대변
	5) 80,000

대손상각비

차변	대변
12) 300,000	

대손충당금

차변	대변
	12) 300,000

(5)

수정후시산표

20×1년 1월 31일

㈜세연메디컬 (단위: 원)

계정과목	차 변	대 변
현 금	7,970,000	
매출채권	9,500,000	
대손충당금		300,000
선급보험료	1,100,000	
상 품	6,200,000	
임차보증금	50,000,000	

미수금	7,000,000	
기 계	40,000,000	
기계감가상각누계액		600,000
비 품	4,800,000	
비품감가상각누계액		80,000
투자부동산	7,000,000	
단기대여금	5,000,000	
소모품	300,000	
미수수익	25,000	
매입채무		10,000,000
미지급금		4,800,000
단기차입금		30,000,000
선수임대수익		2,000,000
미지급비용		75,000
자본금		50,000,000
주식발행초과금		40,000,000
매 출		9,500,000
투자부동산평가이익		2,000,000
투자부동산처분이익		2,000,000
임대수익		1,000,000
이자수익		25,000
급 여	5,000,000	
전력비	330,000	
매출원가	3,800,000	
임차료	2,500,000	
소모품비	700,000	
보험료	100,000	
이자비용	75,000	
기계 감가상각비	600,000	
비품 감가상각비	80,000	
대손상각비	300,000	
합 계	152,380,000	152,380,000

(6) 영구계정인 자산, 부채 및 자본 계정은 해당 계정의 잔액을 차기로 이월시키는 방법으로 마감한다.

〈수익 계정의 마감분개〉

(차) 매　출	9,500,000	(대) 집합손익	14,525,000
투자부동산평가이익	2,000,000		
투자부동산처분이익	2,000,000		
임대수익	1,000,000		
이자수익	25,000		

〈비용 계정의 마감분개〉

(차) 집합손익	13,485,000	(대) 급　여	5,000,000
		전력비	330,000
		매출원가	3,800,000
		임차료	2,500,000
		소모품비	700,000
		보험료	100,000
		이자비용	75,000
		기계 감가상각비	600,000
		비품 감가상각비	80,000
		대손상각비	300,000

〈집합손익 계정의 마감〉

(차) 집합손익	1,040,000	(대) 이익잉여금	1,040,000

(7)

손익계산서

20×1년 1월 1일부터 1월 31일까지

㈜세연메디컬 (단위: 원)

계정과목	1월
매출액	**9,500,000**
매출원가	**3,800,000**
매출총이익	**5,700,000**
판매비와관리비	**9,610,000**
급 여	5,000,000
전력비	330,000
임차료	2,500,000
소모품비	700,000
보험료	100,000
감가상각비-기계	600,000
감가상각비-비품	80,000
대손상각비	300,000
영업이익(손실)	**(3,910,000)**
영업외수익	**5,025,000**
임대수익	1,000,000
투자부동산평가이익	2,000,000
투자부동산처분이익	2,000,000
이자수익	25,000
영업외비용	**75,000**
이자비용	75,000
법인세차감전순이익	**1,040,000**
법인세비용	-
당기순이익	**1,040,000**

재무상태표 20×1년 1월 31일 ㈜세연테크 (단위: 원)	
계정과목	1월 31일
유동자산	**36,795,000**
현　금	7,970,000
매출채권	9,500,000
대손충당금	(300,000)
상　품	6,200,000
선급보험료	1,100,000
미수수익	25,000
미수금	7,000,000
소모품	300,000
단기대여금	5,000,000
비유동자산	**101,120,000**
기　계	40,000,000
기계감가상각누계액	(600,000)
비　품	4,800,000
비품감가상각누계액	(80,000)
임차보증금	50,000,000
투자부동산	7,000,000
자산총계	**137,915,000**
유동부채	**46,875,000**
단기차입금	30,000,000
매입채무	10,000,000
미지급비용	75,000
미지급금	4,800,000
선수임대수익	2,000,000
비유동부채	–
자　본	**91,040,000**
자본금	50,000,000
자본잉여금	40,000,000
이익잉여금	1,040,000
부채와자본총계	**137,915,000**

자본변동표 20×1년 1월 1일부터 1월 31일까지 ㈜세연메디컬 (단위: 원)				
과 목	자본금	자본잉여금	이익잉여금	총 계
20×1. 1. 1.(당기초)	0	0	0	0
소유주의 출자	50,000,000	40,000,000		90,000,000
당기순이익			1,040,000	1,040,000
20×1. 1. 31.	50,000,000	40,000,000	1,040,000	91,040,000

(8)

① (차) 임차료	2,500,000	(대) 현 금	2,500,000
② (차) 미지급비용	75,000	(대) 현 금	75,000
③ (차) 현 금	25,000	(대) 미수수익	25,000
④ (차) 매출채권	15,000,000	(대) 매 출	15,000,000
매출원가	5,000,000	상 품	5,000,000
⑤ (차) 현 금	9,500,000	(대) 매출채권	9,500,000
⑥ (차) 상 품	12,000,000	(대) 매입채무	12,000,000
⑦ (차) 매입채무	10,000,000	(대) 현 금	10,000,000
⑧ (차) 현 금	12,000,000	(대) 매출채권	12,000,000
⑨ (차) 소모품	2,000,000	(대) 현 금	2,000,000
⑩ (차) 급 여	5,500,000	(대) 현 금	5,500,000
⑪ (차) 전력비	400,000	(대) 현 금	400,000
⑫ (차) 현 금	14,700,000	(대) 매 출	14,700,000
매출원가	4,800,000	상 품	4,800,000

(120개 × 10,000원 + 300개 × 12,000원 = 4,800,000원(선입선출법))

(9)

⑬ (차) 투자부동산평가손실	1,200	(대) 투자부동산	1,200
⑭ (차) 소모품비	1,800	(대) 소모품	1,800
⑮ (차) 대손충당금	100	(대) 대손충당금환입	100

⑯	(차) 기계감가상각비	600	(대) 기계감가상각누계액	600
⑰	(차) 비품감가상각비	80	(대) 비품감가상각누계액	80
⑱	(차) 미수수익	25	(대) 이자수익	25
⑲	(차) 이자비용	75	(대) 미지급비용	75
⑳	(차) 보험료	100	(대) 선급보험료	100
	(차) 선수임대수익	1,000	(대) 임대수익	1,000

(10)

수정후시산표
20×1년 2월 28일
㈜세연메디컬 (단위: 원)

계정과목	차 변	대 변
현 금	23,720,000	
매출채권	3,000,000	
대손충당금		200,000
선급보험료	1,000,000	
상 품	8,400,000	
임차보증금	50,000,000	
미수금	7,000,000	
기 계	40,000,000	
기계감가상각누계액		1,200,000
비 품	4,800,000	
비품감가상각누계액		160,000
투자부동산	5,800,000	
단기대여금	5,000,000	
소모품	500,000	
미수수익	25,000	
매입채무		12,000,000
미지급금		4,800,000
단기차입금		30,000,000
선수임대수익		1,000,000
미지급비용		75,000

자본금		50,000,000
주식발행초과금		40,000,000
이익잉여금		1,040,000
매 출		29,700,000
투자부동산평가손실	1,200,000	
임대수익		1,000,000
이자수익		25,000
급 여	5,500,000	
전력비	400,000	
매출원가	9,800,000	
임차료	2,500,000	
소모품비	1,800,000	
보험료	100,000	
이자비용	75,000	
기계 감가상각비	600,000	
비품 감가상각비	80,000	
대손충당금환입		100,000
합 계	171,300,000	171,300,000

(11)

손익계산서

20×1년 2월 1일부터 2월 28일까지

20×1년 1월 1일부터 1월 31일까지

㈜세연메디컬 (단위: 원)

계정과목	2월	1월
매출액	**29,700,000**	**9,500,000**
매출원가	**9,800,000**	**3,800,000**
매출총이익	**19,900,000**	**5,700,000**
판매비와관리비	**10,980,000**	**9,610,000**
급 여	5,500,000	5,000,000
전력비	400,000	330,000
임차료	2,500,000	2,500,000
소모품비	1,800,000	700,000

보험료	100,000	100,000
감가상각비-기계	600,000	600,000
감가상각비-비품	80,000	80,000
대손상각비	-	300,000
영업이익(손실)	**8,920,000**	**(3,910,000)**
영업외수익	**1,125,000**	**5,025,000**
임대수익	1,000,000	1,000,000
투자부동산평가이익	-	2,000,000
투자부동산처분이익	-	2,000,000
이자수익	25,000	25,000
대손충당금환입	100,000	-
영업외비용	**1,275,000**	**75,000**
이자비용	75,000	75,000
투자부동산평가손실	1,200,000	-
법인세차감전순이익	**8,770,000**	**1,040,000**
법인세비용	-	-
당기순이익	**8,770,000**	**1,040,000**

재무상태표

20×1년 2월 28일

20×1년 1월 31일

㈜세연테크 (단위: 원)

계정과목	2월 28일	1월 31일
유동자산	**48,445,000**	**36,795,000**
현　금	23,720,000	7,970,000
매출채권	3,000,000	9,500,000
대손충당금	(200,000)	(300,000)
상　품	8,400,000	6,200,000
선급보험료	1,000,000	1,100,000
미수수익	25,000	25,000
미수금	7,000,000	7,000,000
소모품	500,000	300,000
단기대여금	5,000,000	5,000,000

비유동자산	**99,240,000**	**101,120,000**
기 계	40,000,000	40,000,000
기계감가상각누계액	(1,200,000)	(600,000)
비 품	4,800,000	4,800,000
비품감가상각누계액	(160,000)	(80,000)
임차보증금	50,000,000	50,000,000
투자부동산	5,800,000	7,000,000
자산총계	**147,685,000**	**137,915,000**
유동부채	**47,875,000**	**46,875,000**
단기차입금	30,000,000	30,000,000
매입채무	12,000,000	10,000,000
미지급비용	75,000	75,000
미지급금	4,800,000	4,800,000
선수임대수익	1,000,000	2,000,000
비유동부채	-	-
자 본	**99,810,000**	**91,040,000**
자본금	50,000,000	50,000,000
자본잉여금	40,000,000	40,000,000
이익잉여금	9,810,000	1,040,000
부채와자본총계	**147,685,000**	**137,915,000**

자본변동표

20×1년 2월 1일부터 2월 28일까지

㈜세연메디컬 (단위: 원)

과 목	자본금	자본잉여금	이익잉여금	총 계
20×1. 2. 1.(당기초)	50,000,000	40,000,000	1,040,000	91,040,000
소유주의 출자				
당기순이익			8,770,000	8,770,000
20×1. 2. 28.	50,000,000	40,000,000	9,810,000	99,810,000

제12장 재무회계와 재무분석

OX 문제

1. ×, 유동자산 중에도 비영업자산이 존재한다.
2. ×, 비영업자산으로부터 발생하는 손익은 영업외수익과 영업외비용으로 처리한다.
3. ○
4. ○
5. ×, 가중평균자본비용을 구할 때의 타인자본은 이자부부채이다.

연습문제

1.

	기 말	기 초
(1)	3,000 − (2,000 + 2,500) = − 1,500	2,000 − (1,600 + 3,000) = − 2,600
(2)	− 1,500 + 3,500 = 2,000	− 2,600 + 3,500 = 900
(3)	500 + 500 = 1,000	400 + 500 = 900

2. (1) 1,300 × (1 − 20%) = 1,040원

(2) 1,040 ÷ [(900 + 2,000)/2] = 71.7%

(3) 3%(1 − 20%) × 1,000/5,000 + 6% × 4,000/5,000 = 5.28%

(4) 1,040 − [(900 + 2,000)/2 × 5.28%] = 963.4원

3. (1)

㈜세연메디컬 (단위: 원)

계정과목	2월 28일	1월 31일
투하자본	**119,010,000**	**109,040,000**
순운전자본	**25,570,000**	**14,920,000**
현 금	23,720,000	7,970,000
매출채권	3,000,000	9,500,000
대손충당금	(200,000)	(300,000)
상 품	8,400,000	6,200,000
선급보험료	1,000,000	1,100,000
미수수익	25,000	25,000
미수금	7,000,000	7,000,000
소모품	500,000	300,000
매입채무	(12,000,000)	(10,000,000)
미지급비용	(75,000)	(75,000)
미지급금	(4,800,000)	(4,800,000)
선수임대료	(1,000,000)	(2,000,000)
영업용비유동자산	**93,440,000**	**94,120,000**
기 계	40,000,000	40,000,000

기계감가상각누계액	(1,200,000)	(600,000)
비　품	4,800,000	4,800,000
비품감가상각누계액	(160,000)	(80,000)
임차보증금	50,000,000	50,000,000
비영업자산	**10,800,000**	**12,000,000**
단기대여금	5,000,000	5,000,000
투자부동산	5,800,000	7,000,000
총자산	**129,810,000**	**121,040,000**
타인자본	**30,000,000**	**30,000,000**
단기차입금	30,000,000	30,000,000
자기자본	**99,810,000**	**91,040,000**
자본금	50,000,000	50,000,000
자본잉여금	40,000,000	40,000,000
이익잉여금	9,810,000	1,040,000
총자본	**129,810,000**	**121,040,000**

(2) 20×1년 1월: (3,910,000)원

20×1년 2월: 8,920,000원

㈜세연메디컬은 아직 법인세비용이 발생하지 않았기 때문에 영업이익이 곧 세후영업이익이 된다.

(3) $$\text{WACC(1월)} = \text{Kb}(1-\text{Tc})\frac{B}{S+B} + \text{Ks}\frac{S}{S+B} = 3\%(1-0\%)\frac{30,000,000}{121,040,000} + 6\%\frac{91,040,000}{121,040,000} = 5.26\%$$

$$\text{WACC(2월)} = \text{Kb}(1-\text{Tc})\frac{B}{S+B} + \text{Ks}\frac{S}{S+B} = 3\%(1-0\%)\frac{30,000,000}{129,810,000} + 6\%\frac{99,810,000}{129,810,000} = 5.31\%$$

(4) EVA(2월) = NOPLAT − IC × WACC

= 8,920,000 − [(109,040,000 + 119,010,000)/2] × (5.31%/12)

= 8,415,755원

(5) 투하자본이익률(2월) = 세후영업이익 ÷ 평균투하자본

= 8,920,000 ÷ [(109,040,000 + 119,010,000)/2]

= 7.82%/월

제13장

현금흐름표

OX 문제

1. ○
2. ×, 계정분석법으로 작성한다.
3. ×, 투자자산처분이익은 당기순이익에서 차감한다.
4. ○
5. ○

연습문제

1. (직접법)

㈜서울상사의 영업활동을 다음과 같이 구분하고, 재무상태표와 손익계산서에서 해당 계정을 파악한다(단, 이자수익과 이자비용은 영업활동 현금흐름이 아닌 것으로 보겠다.).

하위영업활동	손익계산서 계정	재무상태표 계정
매출 등 수익활동으로 인한 현금흐름	매출액	순매출채권
매입 등 지출활동으로 인한 현금흐름	매출원가	재고자산, 매입채무
급여 등 인건비지출활동으로 인한 현금흐름	급 여	미지급급여
임차활동으로 인한 현금흐름	임차료	선급임차료
법인세 지출활동으로 인한 현금흐름	법인세비용	미지급법인세

각 하위영업활동별로 현금흐름을 아래의 식에 의해 계산한다.

$$\Delta Co = Po - \Delta Ao + \Delta Do$$

하위영업활동	손 익	(순운전자본증가)	현금흐름
매출 등 수익활동으로 인한 현금흐름	10,000	(2,000)	8,000
매입 등 지출활동을 인한 현금흐름	(6,000)	1,000 + 600 = 1,600	(4,400)
급여 등 인건비지출활동으로 인한 현금흐름	(1,000)	200	(800)
임차활동으로 인한 현금흐름	(1,000)	(1,000)	(2,000)
법인세 지출활동으로 인한 현금흐름	(1,000)	400	(600)
합 계	1,000	(800)	200

(간접법)

간접법에 의한 영업활동현금흐름은 아래의 식에 의해 계산한다.

$$\Delta Co = P - (Ri + Rf) + (Xi + Xf) - (\Delta Ao - \Delta Do)$$

과 목	금 액	
1. 당기순이익(P)		3,000
1. 현금유출이 없는 비용 가산(Xi+Xf)		1,000
감가상각비	500	
이자비용	500	
2. 현금유입이 없는 수익 차감(Ri+Rf)		(3,000)
유형자산이익	2,000	
이자수익	1,000	
3. 영업활동으로 인한 자산부채의 변동(ΔAo－ΔDo)		(800)
매출채권의 증가	(2,000)	
재고자산의 감소	1,000	
매입채무의 증가	600	
미지급급여의 증가	200	
선급임차료의 증가	(1,000)	
미지급법인세의 증가	400	
4. 영업활동으로 인한 현금흐름(ΔCo)		200

2. (1) 영업활동 현금흐름

1) 직접법

직접법은 영업활동을 세부적인 몇 개의 하위활동으로 구분하여 각각의 현금흐름을 표시하는 방법이다. ㈜세연메디컬의 경우에는 (1)매출 등 수익활동으로 인한 현금흐름 (2)매입 등 구매활동으로 인한 현금흐름 (3)기타 판매 및 관리활동으로 인한 현금흐름으로 나누어 보겠다. 재무상태표의 순운전자본과 손익계산서의 영업이익부분에서 각 계정이 어떤 하위활동에 해당하는지 먼저 구분한다.

재무상태표 순운전자본	매출채권	매출 등 수익활동
	대손충당금	매출 등 수익활동
	상품	매입 등 구매활동
	선급보험료	기타 판관활동
	미수수익	기타 판관활동
	미수금	기타 판관활동
	소모품	기타 판관활동
	매입채무	매입 등 구매활동
	미지급비용	기타 판관활동

	미지급금 선수임대료	기타 판관활동 기타 판관활동
손익계산서 영업이익	매출액 매출원가 급여 전력비 임차료 소모품비 보험료 감가상각비-기계 감가상각비-비품 대손상각비 대손충당금환입	매출 등 수익활동 매입 등 구매활동 기타 판관활동 기타 판관활동 기타 판관활동 기타 판관활동 기타 판관활동 Non-cash item Non-cash item 매출 등 수익활동 매출 등 수익활동

이를 바탕으로 직접법에 의한 영업활동 현금흐름을 작성하면 다음과 같다.

매출 등 영업활동으로 인한 현금흐름 = 매출액 + 대손충당금환입 + 매출채권의 감소
= 29,700,000 + 100,000 + 6,400,000
= 36,200,000원

매입 등 구매활동으로 인한 현금흐름 = − 매출원가 − 상품의 증가 + 매입채무의 증가
= − 9,800,000 − 2,200,000 + 2,000,000
= − 10,000,000원

기타 판매 및 관리활동으로 인한 현금흐름 = 판매비와관리비(감가상각비 제외) + 선급보험료의 감소 − 소모품의 증가 − 선수임대료의 감소
= − 10,300,000 + 100,000 − 200,000 − 1,000,000
= − 11,400,000원

총 영업활동 현금흐름 = 36,200,000 − 10,000,000 − 11,400,000
= 14,800,000원

2) 간접법

한편 영업활동 현금흐름을 간접법에 의해 작성하면 아래와 같다.

과 목	금 액	
1. 당기순이익(P)		8,770,000
2. 현금유출이 없는 비용 가산(Xi+Xf)		1,955,000
감가상각비	680,000	
이자비용	75,000	
투자부동산평가손실	1,200,000	
3. 현금유입이 없는 수익 차감(Ri+Rf)		(1,025,000)
임대수익	1,000,000	
이자수익	25,000	
4. 영업활동으로 인한 자산부채의 변동(ΔAo－ΔDo)		5,100,000
매출채권의 감소	6,400,000	
상품의 증가	(2,200,000)	
선급보험료의 감소	100,000	
소모품의 증가	(200,000)	
매입채무의 증가	2,000,000	
선수임대료의 감소	(1,000,000)	
5. 영업활동으로 인한 현금흐름(ΔCo)		14,800,000

(2) 투자활동 현금흐름

투자활동 현금흐름은 재무분석목적 재무상태표의 영업관련 비유동자산과 비영업자산으로부터 발생한 현금흐름을 말한다. 2월의 투자활동 현금흐름은 다음과 같다.

임대수익: 1,000,000원

이자수익: 25,000원

따라서 2월에는 총 1,025,000원의 투자활동 현금흐름이 발생했다.

(3) 재무활동 현금흐름

재무활동 현금흐름은 재무분석목적 재무상태표 중 타인자본과 자기자본의 변동으로부터 발생한 현금흐름인데, 2월에는 재무활동에서는 75,000원의 이자비용만이 현금유출로 발생했다.

(4) 현금흐름표의 작성

영업활동 현금흐름, 투자활동 현금흐름, 재무활동 현금흐름을 종합하여 2월의 현금흐름표를 작성하면 아래와 같다. 일반적으로 기업들은 실무에서 간접법에 의한 현금흐름표를 더 많이 작성하여 사용하는 것을 감안하여 본서에서도 영업활동 현금흐름을 간접법에 의해 작성한 것을 제시한다.

현금흐름표 20×1년 2월 1일부터 20×1년 2월 28일까지		
과 목	금 액	
영업활동으로 인한 현금흐름		**14,800,000**
1. 당기순이익		8,700,000
2. 현금유출이 없는 비용 가산		1,955,000
감가상각비	680,000	
이자비용	75,000	
투자부동산평가손실	1,200,000	
3. 현금유입이 없는 수익 차감		(1,025,000)
임대수익	1,000,000	
이자수익	25,000	
4. 영업활동으로 인한 자산부채의 변동		5,100,000
매출채권의 증가	6,400,000	
상품의 증가	(2,200,000)	
선급보험료의 증가	100,000	
소모품의 증가	(200,000)	
매입채무의 증가	2,000,000	
선수임대료의 증가	(1,000,000)	
투자활동으로 인한 현금흐름		**1,025,000**
1. 투자활동으로 인한 현금의 유입		1,025,000
임대수익	1,000,000	
이자수익	25,000	
재무활동으로 인한 현금흐름		**(75,000)**

1. 재무활동으로 인한 현금의 유출		(75,000)
이자비용	(75,000)	
현금의 증가		**15,750,000**
기초현금		**7,970,000**
기말현금		**23,720,000**

직접법에 의한 현금흐름표는 위의 영업활동 현금흐름이 직접법에 의해 작성된 것으로 대체된다.

제14장

재무분석 실습 (재무제표분석과 기업가치평가)

OX 문제

1. ×, 부채비율이 높을수록 회사의 안전성이 약하다.
2. ×, 분모에는 A사의 2022년 평균자산액을 대입한다.
3. ○
4. ×, 비영업자산의 가치는 현재의 시가로 기업가치에 포함한다.
5. ○

연습문제

1.

(1) $$유동비율(1월) = \frac{36,795,000}{46,875,000} = 78.5\%$$

$$유동비율(2월) = \frac{48,445,000}{47,875,000} = 101.2\%$$

$$부채비율(1월) = \frac{46,875,000}{91,040,000} = 51.5\%$$

$$부채비율(2월) = \frac{47,875,000}{99,810,000} = 48.0\%$$

(2) $$총자산회전율(2월) = \frac{29,700,000}{(137,915,000 + 147,685,000)/2} = 0.21회/월$$

$$매출채권회전율(2월) = \frac{29,700,000}{(9,200,000+2,800,000)/2} = 4.95회/월$$

(3) $$매출액영업이익률(2월) = \frac{8,920,000}{29,700,000} \times 100 = 30.03\%$$

$$총자산영업이익률(2월) = \frac{8,920,000}{(137,915,000+147,685,000)/2} \times 100 = 4.21\%/월$$

(4) $$총자산증가율(2월) = \frac{147,685,000 - 137,915,000}{137,915,000} \times 100 = 7.08\%$$

$$매출액증가율(2월) = \frac{29,700,000 - 9,500,000}{9,500,000} \times 100 = 212.63\%$$

2.

(1) EV = 시가총액 + 타인자본 = 6,000,000 + 4,000,000 = 10,000,000원

EBITDA = 영업이익 + 감가상각비 + 무형자산상각비 = 1,500,000 + 300,000 + 200,000

= 2,000,000원

EV/EBITDA = 10,000,000 / 2,000,000 = 5배

(2) EV / EBITDA = 5배

EBITDA = 영업이익 + 감가상각비 + 무형자산상각비 = 800,000 + 400,000
+ 250,000
= 1,450,000원

EV = 1,450,000 × 5 = 7,250,000원

자기자본가치 = 기업가치 – 타인자본가치 = 7,250,000 – 2,900,000
= 4,350,000원

주식가치 = 자기자본가치 / 주식수 = 4,350,000 / 200 = 21,750원

[저 자 약 력]

김경태

현 서울시립대학교 경영대학 교수
서울대학교 경영대학 경영학과 졸업(1996)
연세대학교 대학원, 경영학석사(1998)
LG경제연구원 근무
서울대학교 대학원, 경영학박사(2006, 회계학 전공)
강의우수교수상, 서울시립대학교, 2012, 2014, 2017, 2019
벽소학술상 우수논문상, 한국기업경영학회, 2022
회계·세무와 감사연구 논문 현상공모전 최우수상, 한국공인회계사회, 2013
한국회계학회 학위논문상 공모 최우수상, 2006
The Vernon Zimmerman Best Paper Award, the 16th Asian-Pacific Conference on International Accounting Issues, 2004

김세연

현 초록뱀그룹 부회장
현 (주)초록뱀이앤엠 대표이사
서울대학교 경영대학 경영학과 졸업(1995)
서울대학교 대학원, 경영학석사(1998)
Drexel University 정보공학대학원, 정보공학석사(2004)
숭실대학교 회계학과, 경영학박사(2012, 회계학 전공)
2014~2020년: 주식회사 아이오케이컴퍼니(코스닥상장법인) 대표이사
2016~2018년: 더블유투자금융 주식회사(신기술사업금융회사) 대표이사
2009~2014년: 더블유홀딩컴퍼니 주식회사(코스닥상장법인) 대표이사
2006~2009년: 회계법인 리안 설립. Partner, TS/FAS본부 대표
2015~2017년: 대한중재인협회 부회장
2010~2017년: 대한상사중재원 중재인. 대한중재인협회 이사
2012~2016년: 숭실대학교 경영대학 겸임교수
2008~2011년: 서울시립대학교 상경대학 겸임교수
1998~2006년: 삼일회계법인 TS/FAS
경희대학교, KT&G사내 MBA과정, 우리은행 구조조정 전문가 과정, 기술거래소 M&A 전문가과정, 효성그룹 사내 교육프로그램 등 강의 진행

(제2판) 재무분석을 위한 재무회계 해답

2020년 2월 24일 초판 발행
2023년 2월 24일 2판 발행

저　자: **김경태 · 김세연**
발행인: 윤 동 구
발행처: **창 민 사**
서울시 마포구 창전로 46 4층 401호
등　록: 1999. 10. 28/제10-1846호
전　화: 3272-1243~4
팩　스: 3272-1245
e-mail: cmbooks@hanmail.net

정가 6,000원　　ISBN 979 – 11 – 92272 – 10 – 8　　93320